DÉPARTEMENT DE LA SEINE.

Comptes et Budgets

PUBLIÉS EN 1830,

En exécution de l'art. 6 de la loi du 17 août 1828.

PARIS,

Vinchon, fils et successeur de Mme veuve Ballard, imprimeur du Roi et de la Préfecture du Département de la Seine,

Rue J.-J. Rousseau, N°. 8.

AVRIL 1830.

(2)

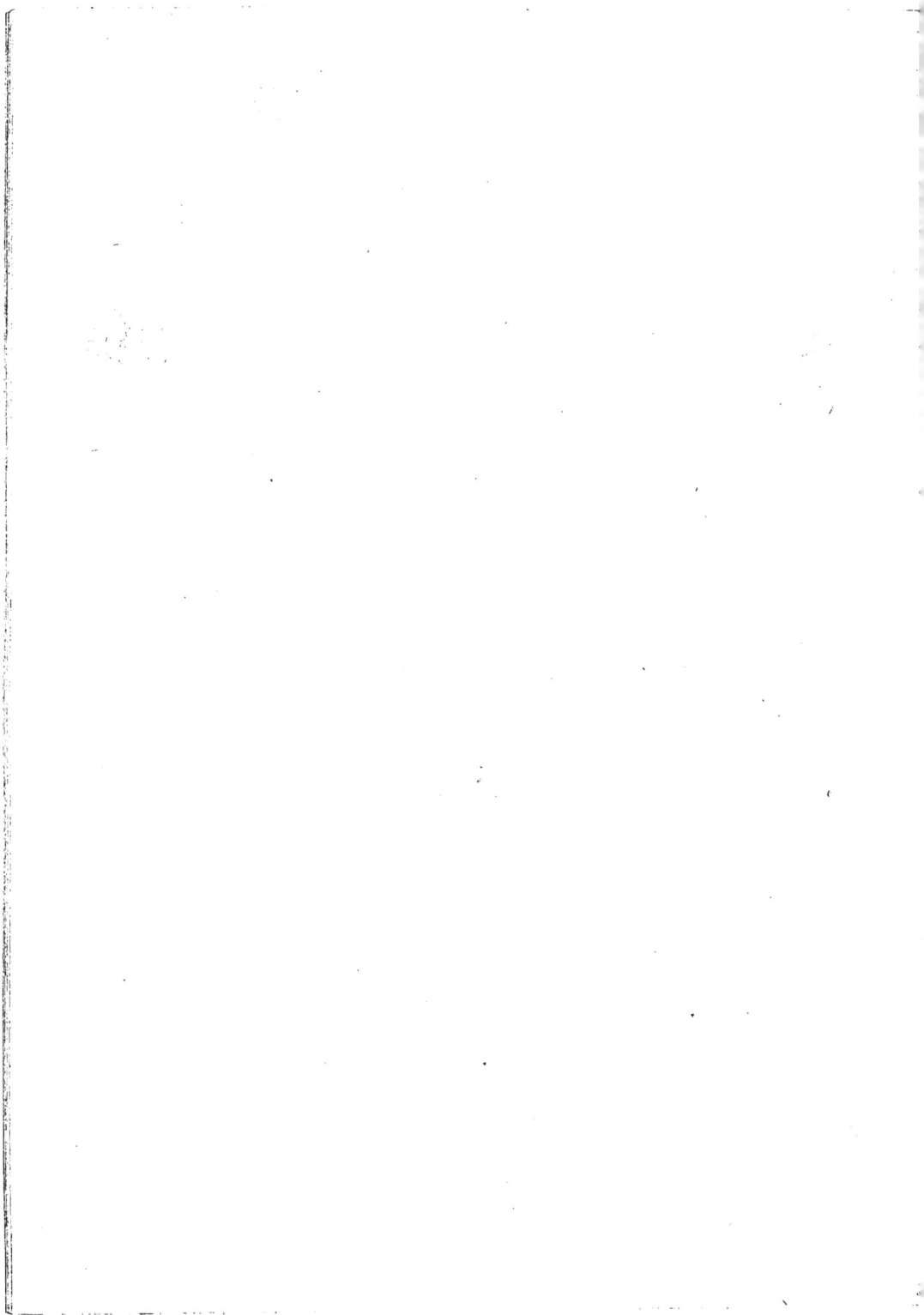

COMPTE,

AU 1er DÉCEMBRE 1829,

DES

Dépenses Départementales Fixes,

Ou communes à plusieurs Départemens,

QUI ONT ÉTÉ EFFECTUÉES

Pendant l'Année 1828,

Ainsi que des sommes qui ont été allouées, ordonnancées et employées au paiement de ces Dépenses.

I

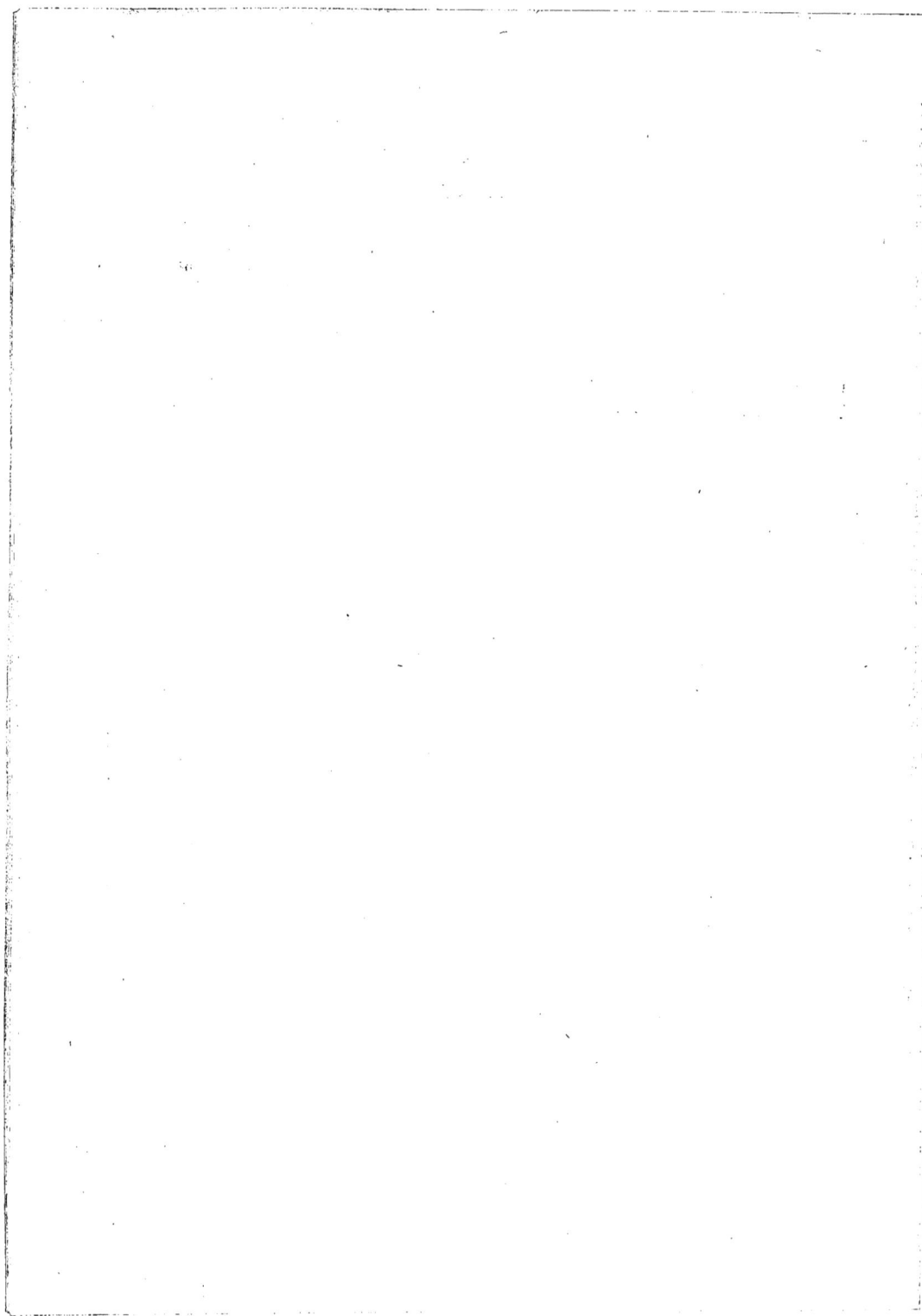

Crédits de l'Exercice 1828.

Il a été alloué par le Budget primitif, sur les centimes centralisés affectés au paiement des Dépenses départementales fixes et de celles qui sont communes à plusieurs départemens, une somme totale de.. | 441,773 00

Crédit supplémentaire accordé par décision ministérielle du 16 février 1829......... | 1,255 00

2ᵉ. Crédit supplémentaire accordé par une autre décision ministérielle du 16 mars 1829, et suivant lettre du 26 dudit...................................... | 50,263 12

3ᵉ. Crédit supplémentaire accordé par une autre décision ministérielle du 23 mars 1829, et suivant lettre du 26 dudit...................................... | 1,225 83

TOTAL DES CRÉDITS...... .... | 494,516 95

RECETTES, ou *Ordonnances de délégation de S. Exc. le Ministre de l'intérieur sur les centimes centralisés au Trésor Royal ;*

SAVOIR :

1°. — AU NOM DU PRÉFET DU DÉPARTEMENT :

Le 22 décembre 1827, Ordonnance n°. 6 de...........	28,000 00	
Le 17 janvier 1828, Ordonnance n°. 28 de...........	34,283 33	
Le 21 février Ordonnance n°. 200 de...........	30,800 67	
Le 17 mars Ordonnance n°. 341 de...........	32,306 00	
Le 17 avril Ordonnance n°. 565 de...........	30,868 83	
Le 16 mai Ordonnance n°. 819 de...........	29,950 00	
Le 24 juin Ordonnance n°. 1165 de...........	28,950 00	
Le 19 juillet Ordonnance n°. 1324 de...........	28,578 96	
Le 18 août Ordonnance n°. 1614 de...........	30,770 33	
Le 18 septembre Ordonnance n°. 1847 de...........	30,454 44	
Le 15 octobre Ordonnance n°. 2078 de...........	27,152 91	
Le 18 novembre Ordonnance n°. 2343 de...........	23,657 53	
Le 18 mai 1829, Ordonnance n°. 3041 de...........	2,235 00	
TOTAL des Ordonnances délivrées au nom du Préfet du département................................	358,008 00	358,008 00
A reporter...........................		358,008 00

Report.....	....	358,008 00

2°. — AU NOM DU PRÉFET DE POLICE.

Le 22 décembre 1827, Ordonnance n°. 6 de...........	7,000 00	
Le 17 janvier 1828, Ordonnance n°. 28 de..........	7,000 00	
Le 21 février Ordonnance n°. 200 de..........	7,000 00	
Le 17 mars Ordonnance n°. 341 de.........	7,000 00	
Le 17 avril Ordonnance n°. 565 de........	7,000 00	
Le 16 mai Ordonnance n°. 819 de..........	9,000 00	
Le 24 juin Ordonnance n°. 1165 de...........	8,000 00	111,000 00
Le 19 juillet Ordonnance n". 1324 de...........	8,000 00	
Le 18 août Ordonnance n°. 1614 de..........	8,000 00	
Le 18 septembre Ordonnance n°. 1847 de..........	7,000 00	
Le 15 octobre Ordonnance n°. 2078 de..........	6,000 00	
Le 18 novembre Ordonnance n°. 2343 de..........	5,000 00	
Le 6 juin 1829, Ordonnance n°. 3073 de..........	25,000 00	

TOTAL des Ordonnances délivrées au nom du Préfet de Police......................................	111,000 00

TOTAL GÉNÉRAL..........................	469,008 00
A déduire pour reprise exercée par le Trésor Royal..........	*Néant.*
PARTANT, les Ordonnances de délégation tenues à la disposition du département de la Seine jusqu'au 1er. octobre 1829, sont de..	469,008 00

ARTICLES DU BUDGET.	NATURE DES DÉPENSES.	MONTANT des DÉPENSES effectuées.	MANDATS de paiement délivrés à compte.	RESTE A PAYER SUR LES DÉPENSES		TOTAL ÉGAL au montant des DÉPENSES.	SOMMES allouées pour ces dépenses AU BUDGET.	EXCÉDANS DES	
				mandatées non acquittées.	non mandatées.			DÉPENSES faites sur LES CRÉDITS.	CRÉDITS alloués sur les DÉPENSES.

DÉPENSES.

CHAPITRE PREMIER.

TRAITEMENS ADMINISTRATIFS.

1	Traitement du préfet..............	80,000 00	80,000 00	» »	» »	80,000 00	80,000 00	» »	» »
2	Traitement du secrétaire général de la Préfecture....................	6,000 00	6,000 00	» »	» »	6,000 00	6,000 00	» »	» »
3	Traitement du sous-préfet de l'arrondissement de Saint-Denis........	2,912 64	2,912 64	» »	» »	} 5,912 64	6,000 00	» »	87 36
	Traitement du sous-préfet de l'arrondissement de Sceaux............	3,000 00	3,000 00	» »	» »				
4	Traitement des cinq conseillers de Préfecture....................	14,841 53	14,841 53	» »	» »	14,841 53	15,000 00	» »	158 47
	TOTAUX du Chap. 1er......	106,754 17	106,754 17	» »	» »	106,754 17	107,000 00	» »	245 83

CHAPITRE II.

FRAIS D'ADMINISTRATION
PAR ABONNEMENT.

1	Frais d'administration de la Préfecture.	215,000 00	215,000 00	» »	» »	215,000 00	215,000 00	» »	» »
2	Frais d'administration de la Sous-Préfecture de l'arrondissement de Saint-Denis.....................	13,600 00	13,600 00	» »	» »	} 27,200 00	27,200 00	» »	» »
	Frais d'administration de la Sous-Préfecture de l'arrond. de Sceaux...	13,600 00	13,600 00	» »	» »				
	TOTAUX du Chap. 2e......	242,200 00	242,200 00	» »	» »	242,200 00	242,200 00	» »	» »

CHAPITRE III.

MAISON CENTRALE DE DÉTENTION.
§ 1.

	Dépenses ordinaires de la maison centrale de détention..............	Néant.	» »	» »	» »	» »	Néant.	» »	» »
	§ 2.								
	Dépenses extraordinaires de la même maison........................	Néant.	» »	» »	» »	» »	Néant.	» »	» »
	A reporter..,..	Néant.	» »	» »	» »	» »	Néant.	» »	» »

2

ARTICLES du BUDGET.	NATURE DES DÉPENSES.	MONTANT des DÉPENSES effectuées.	MANDATS de paiement délivrés à compte.	RESTE A PAYER SUR LES DÉPENSES		TOTAL ÉGAL au montant des DÉPENSES.	SOMMES allouées pour ces dépenses AU BUDGET.	EXCÉDANS DES	
				mandatées non acquittées.	non mandatées.			DÉPENSES faites sur LES CRÉDITS.	CRÉDITS alloués sur les DÉPENSES.
	Report......	Néant.	» »	» »	» »	» »	Néant.	» »	» »
	§ 3.								
	Indemnité au département à raison des condamnés à un an et plus d'emprisonnement, restés dans les prisons départementales faute de place à la maison de détention :								
	Le nombre de ces condamnés, en 1828, a été de 666, et celui des journées de 243,327 ; ce qui, à raison de 56 centimes chacune, prix alloué par le Budget, donne une dépense de....................	136,263 12	111,000 00	» »	25,263 12	136,263 12	136,263 12	» »	» »
	Totaux du Chap. 3e......	136,263 12	111,000 00	» »	25,263 12	136,263 12	136,263 12	» »	» »
	CHAPITRE IV.								
	CONSTRUCTIONS ET GROSSES RÉPARATIONS AUX BATIMENS DE LA COUR ROYALE.								
1	Contingent des centimes centralisés dans le relevé à neuf d'une partie des couvertures du Palais de Justice.	637 87	637 87	» »	» »	637 87	650 00	» »	12 13
2	Idem dans les travaux de restauration de la grande grille de ce palais, sur la cour du Mai..............	7,178 00	7,178 00	» »	» »	7,178 00	7,178 00	» »	» »
3	Consolidation d'un plancher de la bibliothèque des avocats de la Cour Royale, audit palais.............	1,145 83	1,145 83	» »	» »	1,145 83	1,145 83	» »	» »
4	Indemnité à l'architecte inspecteur-général des bâtimens du Palais de Justice, à raison des localités occupées par la Cour Royale........	80 00	80 00	» »	» »	80 00	80 00	» »	» »
	TOTAL du Chap. 4e......	9,041 70	9,041 70	» »	» »	9,041 70	9,053 83	» »	12 13
	CHAPITRE V.			Excédant des Crédits sur les Dépenses......				12 13	
	ÉTABLISSEMENS THERMAUX.	Néant.	» »	» »	» »	» »	Néant.	» »	» »

ARTICLES DU BUDGET.	NATURE DES DÉPENSES.	MONTANT des DÉPENSES effectuées.	MANDATS de paiement délivrés à compte.	RESTE A PAYER SUR LES DÉPENSES		TOTAL ÉGAL au montant des DÉPENSES.	SOMMES allouées pour ces dépenses AU BUDGET.	EXCÉDANS DES	
				mandatées non acquittées.	non mandatées.			DÉPENSES faites sur LES CRÉDITS.	CRÉDITS alloués sur les DÉPENSES.
	RÉCAPITULATION.								
Chap. 1.	Traitemens administratifs.	106,754 17	106,754 17	» »	» »	106,754 17	107,000 00	» »	245 83
— 2.	Frais d'administration par abonnement..........	242,200 00	242,200 00	» »	» »	242,200 00	242,200 00	» »	» »
— 3.	Maison centrale de détention..............	136,263 12	111,000 00	» »	25,263 12	136,263 12	136,263 12	» »	» »
— 4.	Constructions et grosses réparations aux bâtimens de la Cour Royale........	9,041 70	9,041 70	» »	» »	9,041 70	9,053 83	» »	12 13
— 5.	Établissemens thermaux...	Néant.	» »	» »	» »	Néant.	Néant.	» »	» »
	TOTAUX GÉNÉRAUX......	494,258 99	468,995 87	» »	25,263 12	494,258 99	494,516 95	» »	257 96

Excédant des Crédits sur les Dépenses............. ...   257 96

Balance.

Les Recettes portées en tête du présent Compte et dont on doit justifier, sont de.... .... 469,008 00

Le Total général des Dépenses comprises dans la Récapitulation à la colonne intitulée : *Montant des Dépenses effectuées*, est de................................... .... 494,258 99

Sur lequel il reste à payer :

1°. Pour mandats expédiés et non acquittés par le Payeur au 30 novembre 1829.......... » »   25,263 12

2°. Pour Dépenses faites et non mandatées avant le 1er. octobre 1829................. 25,263 12

Reste pour Dépenses acquittées..... 468,995 87   468,995 87

Excédant de Recette annulé par le Trésor, au 30 novembre 1829, lors de la clôture de l'exercice 1828....   12 13

Certifié véritable par le Conseiller d'État, Préfet de la Seine,

A Paris, le 30 janvier 1830.

Signé CHABROL.

Le Payeur du département de la Seine certifie le présent Compte, en ce qui concerne les paiemens effectués, montant à quatre cent soixante-huit mille neuf cent quatre-vingt-quinze francs quatre-vingt-sept centimes.

A Paris, le 12 février 1830.

Signé SCITIVAUX.

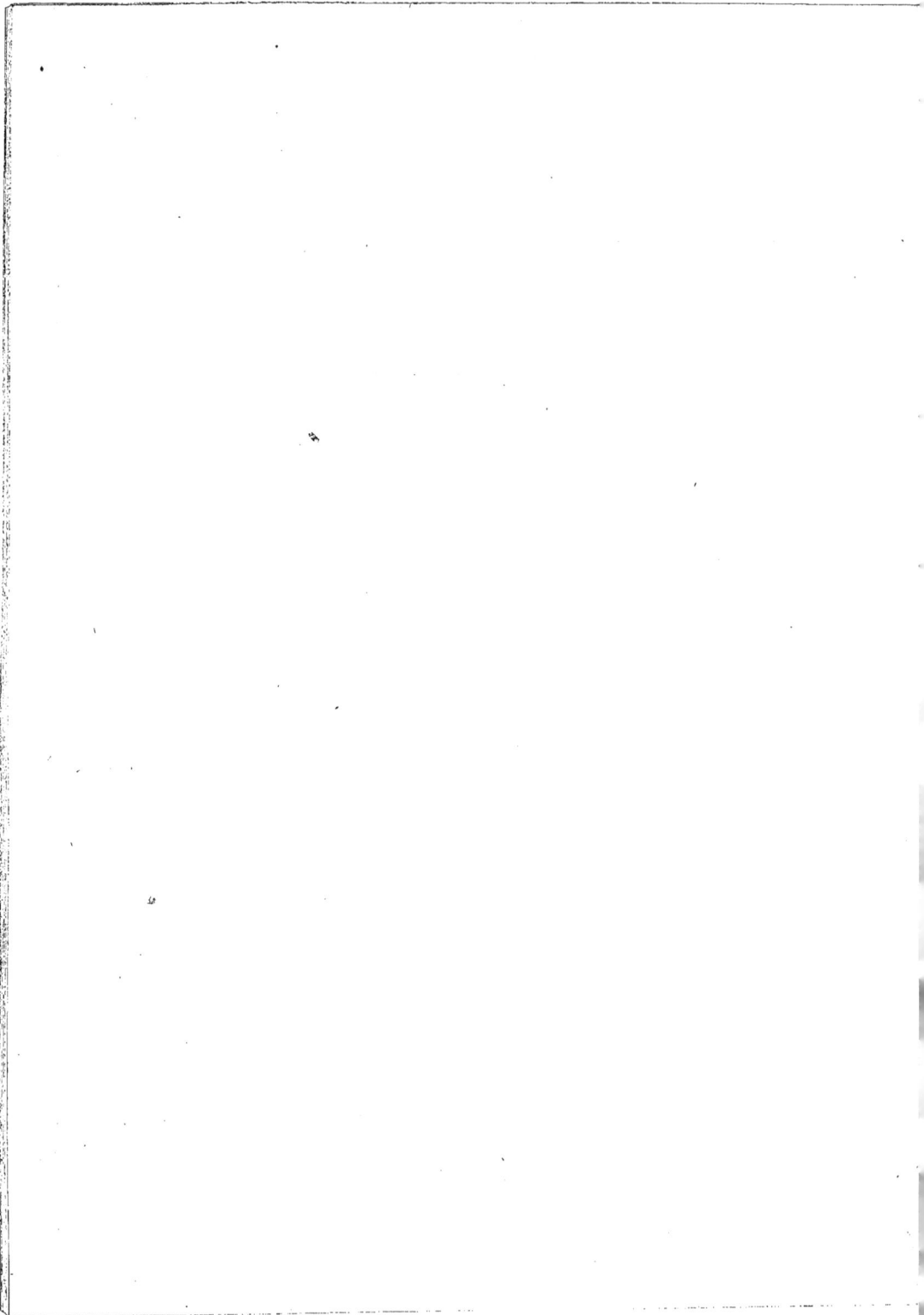

COMPTE,

AU 1er. DÉCEMBRE 1829,

DES

Dépenses Départementales Variables

De l'Exercice 1828,

ET DES SOMMES QUI ONT ÉTÉ ALLOUÉES, ORDONNANCÉES ET EMPLOYÉES
AU PAIEMENT DE CES DÉPENSES.

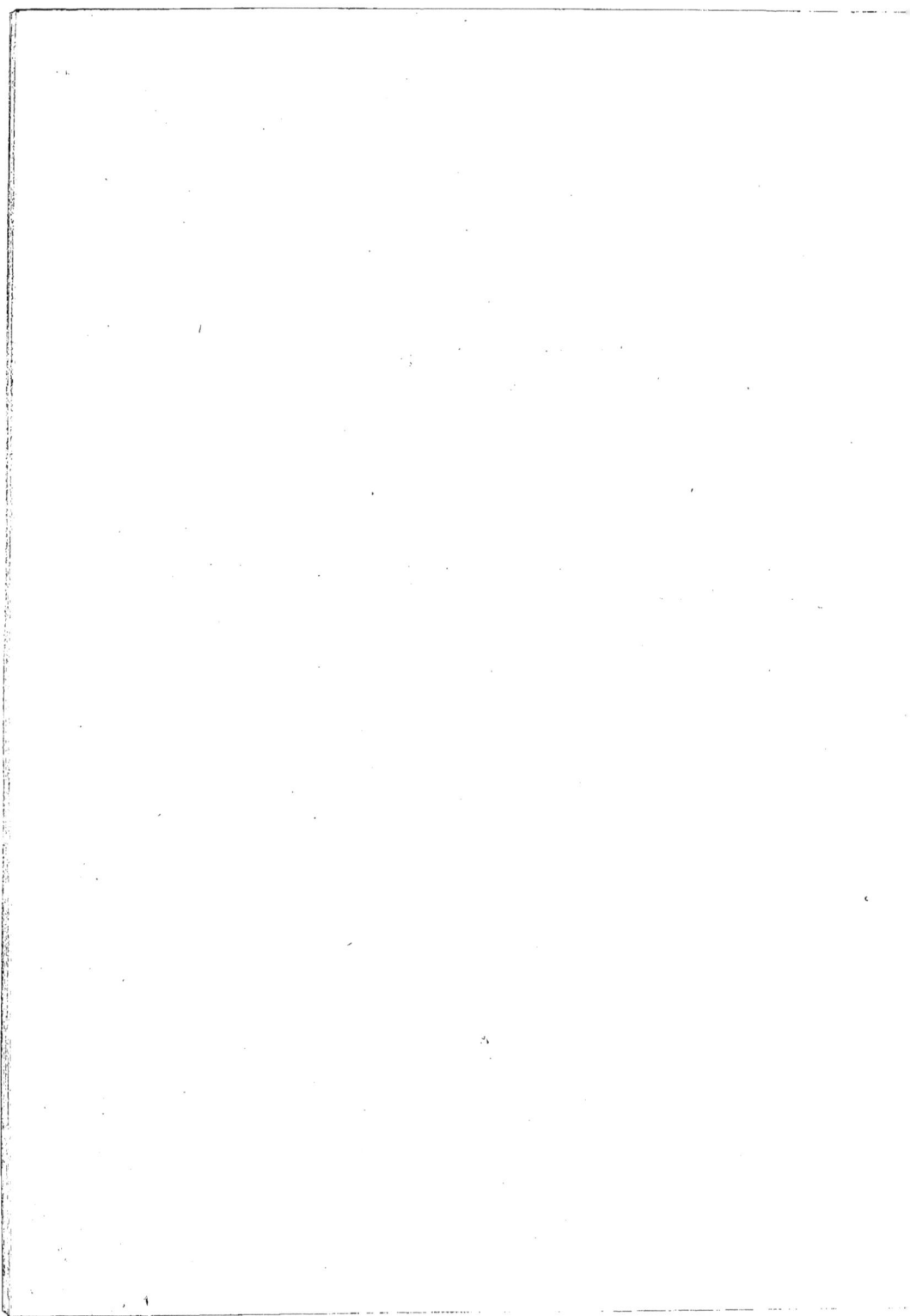

CRÉDITS

Accordés pour les Dépenses Variables.

EXERCICE 1828.

Il a été alloué, à la Récapitulation du Budget, pour toutes les Dépenses qui y ont été votées et maintenues, une somme totale de 1,970,051 francs 16 centimes;

SAVOIR :

1°. — *Sur les centimes départementaux de 1828.*

Produit des 7 centimes 1/2 additionnels ordinaires.........	828,444 23	
Accordé au département sur le fonds commun des 5 centimes centralisés..........	820,000 00	1,653,721 37
Crédit supplémentaire suivant décision ministérielle du 14 août 1829..	5,277 14	

2°. — *Sur les ressources extraordinaires :*

Produit des secondes expéditions d'actes de la Préfecture.....	250 00	
Revenus provenant de locations de diverses dépendances du Palais de Justice et de la partie des bâtimens de Bicêtre cédés à l'Administration des Hospices de Paris................	17,000 00	
Revenus particuliers des prisons départementales..........	50,972 00	78,921 81
Idem.... du Dépôt de mendicité................	3,600 00	
Produit d'arbres abattus ou élagués sur les routes département^tes.	50 00	
Vente de matériaux provenant de bâtimens appartenant au Département..	6,000 00	
Reliquat de revenus particuliers des prisons provenant de 1826.	1,049 81	

3°. — *Sur ressources du Budget de report.*

Restant disponible sur le fonds commun de 5 centimes de 1826.	" "	237,407 98

4°. — *Sur ressources provenant du Budget des dépenses fixes de 1828.*

Indemnité demandée pour l'entretien des condamnés à un an et plus, renfermés dans les prisons départementales.......	86,000 00	^(1) *Mémoire.*

TOTAL des crédits alloués au Budget .... | 1,970,051 16

(1) Cet article est porté pour mémoire, parce que les dépenses à imputer sur ces ressources étaient comprises par forme de déduction au Budget variable de 1828. (Voir les Dépenses du présent Compte, chap. 2.)

RECETTES

OU

Ordonnances de délégation délivrées sur les allocations d'autre part.

ARTICLE PREMIER.

Ordonnancé par le Ministre de l'Intérieur sur les centimes additionnels ordinaires de 1828 et sur le fonds commun;

1°. AU NOM DU PRÉFET DE LA SEINE.

Le 22 décembre 1827, Ordonnance n°. 7 de............		53,000 00
Le 17 janvier 1828, Ordonnance n°. 29 de............		65,000 00
Le 21 février Ordonnance n°. 201 de............		63,000 00
Le 17 mars Ordonnance n°. 342 de............		60,000 00
Le 17 avril Ordonnance n°. 566 de............		65,000 00
Le 16 mai Ordonnance n°. 820 de............		63,000 00
Le 24 juin Ordonnance n°. 1166 de............		60,000 00
Le 19 juillet Ordonnance n°. 1325 de............		60,000 00
Le 18 août Ordonnance n°. 1615 de............		60,000 00
Le 18 septembre Ordonnance n°. 1848 de............		42,000 00
Le 15 octobre Ordonnance n°. 2079 de............		39,000 00
Le 18 novembre Ordonnance n°. 2344 de............		45,000 00
Le 12 décembre Ordonnance n°. 2479 de............		37,000 00
Le 26 janvier 1829, Ordonnance n°. 2763 de............		35,000 00
Le 24 février Ordonnance n°. 2874 de............		14,706 27
Le 1er. août Ordonnance n°. 3150 de............		19,996 37
TOTAL............	781,702 64	781,702, 64

| | | Report....... | .... | 781,702 64 |

2°. AU NOM DU PRÉFET DE POLICE.

Le 22 décembre 1827,	Ordonnance n°. 7 de...........	57,000 00	
Le 17 janvier 1828,	Ordonnance n°. 29 de..........	74,000 00	
Le 21 février	Ordonnance n°. 201 de..........	70,000 00	
Le 17 mars	Ordonnance n°. 342 de..........	65,000 00	
Le 17 avril	Ordonnance n°. 566 de..........	74,000 00	
Le 16 mai	Ordonnance n°. 820 de..........	70,000 00	
Le 24 juin	Ordonnance n°. 1166 de..........	65,000 00	
Le 19 juillet	Ordonnance n°. 1325 de..........	65,000 00	872,018 73
Le 18 août	Ordonnance n°. 1615 de..........	74,000 00	
Le 18 septembre	Ordonnance n°. 1848 de..........	58,000 00	
Le 15 octobre	Ordonnance n°. 2079 de..........	37,000 00	
Le 18 novembre	Ordonnance n°. 2344 de..........	50,000 00	
Le 12 décembre	Ordonnance n°. 2479 de..........	39,000 00	
Le 26 janvier 1829,	Ordonnance n°. 2763 de..........	40,000 00	
Le 24 février	Ordonnance n°. 2874 de..........	34,018 73	

| | TOTAL............ | 872,018 73 | |

ARTICLE II.

Ordonnancé sur les ressources extraordinaires de 1828,

AU NOM DU PRÉFET DE LA SEINE.

Le 24 juillet 1828,	Ordonnance n°. 1417 de...........	12,116 57	
Le 21 août	Ordonnance n°. 1686 de..........	10,600 19	
Le 16 décembre	Ordonnance n°. 2502 de..........	16,530 36	
Le 25 mars 1829,	Ordonnance n°. 2936 de...........	11,946 92	78,667 60
Le 26 mai	Ordonnance n°. 3056 de..........	13,805 96	
Le 22 août	Ordonnance n°. 3172 de..........	13,667 60	

| | TOTAL............ | 78,667 60 | 1,732,388 97 |

	Report.......	....	1,732,388 97

ARTICLE III.

Ordonnancé sur le restant des centimes de 1826 :

1°. — Au nom du Préfet de la Seine.

Le 23 juillet 1828,	Ordonnance n°. 1091 de............	86,663 05	
Le 25 juillet	Ordonnance n°. 1424 de...........	52,464 58	
Le 31 août	Ordonnance n°. 1776 de...........	45,922 44	
Le 19 septembre	Ordonnance n°. 1871 de...........	43,177 99	
	Total..........	228,228 06	228,228 06

2°. — Au nom du Préfet de Police.

Le 23 juillet 1828,	Ordonnance n°. 1391 de.... 3,179 92	9,179 92	9,179 92
Le 31 août	Ordonnance n°. 1776 de.... 6,000 00		

Total des Recettes faites sur centimes départementaux et ressources extraordinaires......... .... 1,969,796 95

ARTICLE IV.

Recettes faites sur ressources provenant du Budget des Depenses fixes de 1828.

Au nom du Préfet de Police.

Indemnité accordée au Département pour les condamnés à un an et plus d'emprisonnement................ (*) 111,000 00 *Mémoire.*

(*) Voir la note placée page 11.

Total Général des sommes ordonnancées et montant des Recettes dont on doit justifier.......................... 1,969,796 95

Fonds recouvrés non ordonnancés.

Complément du produit des ressources extraordinaires de 1828......... 166 50
Complément de l'indemnité accordée par S. Exc. pour entretien de condamnés, à la charge du Budget des Dépenses fixes de 1828, ladite indemnité fixée à 136,263 f. 12 c., sur quoi il reste à ordonnancer 25,263 f. 12 c. *Mémoire.*

Ensemble..... 166 50

RÉSUMÉ COMPARATIF

Des Ressources créditées au Budget variable de 1828, et des Recettes effectuées sur ces Crédits.

DÉSIGNATION DES CRÉDITS.	RECETTES EFFECTUÉES SUR LES CRÉDITS			CRÉDITS alloués AU BUDGET de 1828.	DIFFÉRENCES DES RECETTES SUR LES CRÉDITS.	
	ordonnancées par LE MINISTRE.	RESTANT à ordonnancer.	TOTAL des RECETTES.		EN PLUS.	EN MOINS.
roduit des 7 centimes 1/2 additionnels ordinaires alloués au département....	828,444 23	» »	} 1,653,721 37	1,648,444 23	5,277 14	» »
art accordée au département sur le fonds commun des 5 centimes centralisés....	825,277 14	» »				
Restant libre sur les ressources de 1826, reporté à 1828..................	237,407 98	» »	237,407 98	237,407 98	» »	» »
Ressources départementales extraordinaires de 1828..................	78,667 60	166 50	78,834 10	78,921 81	» »	87 71
TOTAUX........	1,969,796 96	166 50	1,969,963 45	1,964,774 02	5,277 14	87 71
Augmentation effective des Recettes.......					5,189 43	
Ressources mentionnées pour ordre.						
ndemnité sur centimes centralisés affectés aux dépenses fixes de 1828, pour frais de condamnés entretenus dans les prisons..........................	111,000 00	25,263 12	136,263 12 (1)	86,000 00	50,263 12	» »

(1) Cette somme représente le montant de 243,327 journées de prisonniers, à raison du prix accordé par le ministre de 56 centimes par journée.

ARTICLES DU BUDGET.	NATURE DES DÉPENSES.	MONTANT des DÉPENSES effectuées.	MANDATS de paiement délivrés par le préfet.	RESTES A PAYER SUR LES DÉPENSES		TOTAL ÉGAL au montant des DÉPENSES.	SOMMES allouées pour ces dépenses AUX BUDGETS.	EXCÉDANS DES	
				mandatées et non acquittées.	non mandatées par le préfet.			DÉPENSES sur les sommes allouées aux budgets.	SOMME allouée sur les DÉPENSE

	DÉPENSES.								
	CHAPITRE PREMIER.								
	PRÉFECTURE.								
1	Loyer de l'hôtel de la Préfecture....	12,000 00	12,000 00	» »	» »	12,000 00	12,000 00	» »	»
4	Frais de chauffage et d'éclairage du corps-de-garde de la Préfecture....	1,483 01	1,483 01	» »	» »	1,483 01	1,600 00	» »	116
	TOTAL du Chap. Ier......	13,483 01	13,483 01	» »	» »	13,483 01	13,600 00	» »	116
	CHAPITRE II.								
	PRISONS DÉPARTEMENTALES.								
	Dépenses annuelles pour une population de 3277 individus.								
1 1°	Traitemens sujets à la retenue pour les pensions :								
	Service général d'administration.....	37,938 32	37,938 32	» »	» »				
	Bicêtre..........................	23,648 02	23,648 02	» »	» »				
	Saint-Lazare......................	44,238 58	44,238 58	» »	» »				
	Maison de Justice.................	19,496 48	19,496 48	» »	» »				
	Grande-Force....................	30,559 78	30,559 78	» »	» »				
	Petite-Force....................	3,716 56	3,716 56	» »	» »				
	Madelonnettes....................	21,057 51	21,057 51	» »	» »	248,539 58	243,750 00	4,789 58 (1)	»
	Sainte-Pélagie..................	32,127 17	32,127 17	» »	» »				
	Bazancourt.......................	2,899 92	2,899 92	» »	» »				
	Dépôt de Police.................	10,874 46	10,874 46	» »	» »				
	Maison de répression de Saint-Denis..	19,982 86	19,982 86	» »	» »				
	Maison d'arrêt de Saint-Denis.......	999 96	999 96	» »	» »				
	Maison d'arrêt de Saint-Cloud......	999 96	999 96	» »	» »				
	A reporter.....	248,539 58	248,539 58	» »	» »	248,539 58	243,750 00	4,789 58	»

(1) Les améliorations exécutées aux bâtimens de diverses prisons ont nécessité de nouvelles dispositions dans le service de surveillance, et cau cet excédant de dépense, que le Ministre a autorisé par décision du 17 décembre 1827.

ARTICLES DU BUDGET.	NATURE DES DÉPENSES.	MONTANT des DÉPENSES effectuées.	MANDATS de paiement délivrés.	RESTES A PAYER SUR LES DÉPENSES mandatés non acquittés.	non encore mandatés.	TOTAL ÉGAL au montant des DÉPENSES effectuées.	CRÉDITS alloués par LE BUDGET.	EXCÉDANS DES DÉPENSES sur LES CRÉDITS.	CRÉDITS sur LES DÉPENSES.
	Report.....	248,539 58	248,539 58	» »	» »	248,539 58	243,750 00	4,789 58	» »
1 2°	Traitemens non sujets à la retenue pour pensions :								
	Service général d'administration.....	4,499 88	4,499 88	» »	» »				
	Bicêtre.............................	4,955 46	4,955 46	» »	» »				
	Saint-Lazare.......................	3,699 92	3,699 92	» »	» »				
	Maison de Justice.................	1,482 00	1,482 00	» »	» »				
	Grande-Force.....................	3,932 50	3,932 50	» »	» »				
	Petite-Force.....................	859 00	859 00	» »	» »				
	Madelonnettes....................	3,051 00	3,051 00	» »	» »	30,648 36	32,383 00	» »	1,734 64
	Sainte-Pélagie....................	3,301 92	3,301 92	» »	» »				
	Bazancourt.......................	999 96	999 96	» »	» »				
	Dépôt de police..................	» »	» »	» »	» »				
	Maison de répression de Saint-Denis..	3,866 72	3,866 72	» »	» »				
	Maison d'arrêt de Saint-Denis.......	» »	» »	» »	» »				
	Maison d'arrêt de Saint-Cloud.......	» »	» »	» »	» »				
2 1°	Nourriture et entretien des détenus :								
	Bicêtre................ 71,880 04								
	Saint-Lazare 76,256 50								
	Maison de justice. 9,018 16								
	Grande-Force 77,184 84								
	Petite-Force 16,842 74								
	Madelonnettes.......... 63,127 12								
	Sainte-Pélagie....... .. 18,832 04								
	Bazancourt. 3,050 26								
	Dépôt de police........ 25,065 18								
	Maison de répression de Saint-Denis......... 71,486 80								
	Maison d'arrêt de Saint-Denis.............. / Maison d'arrêt de Saint-Cloud............... } 311 81								
	Maison de refuge des jeunes garçons.. ...... / Maison de refuge des jeunes filles........... } 6,354 40								
	439,409 89								
	A déduire la somme de 136,263 fr. 12 c., montant de l'indemnité accordée au Département sur les centimes centralisés pour frais d'entretien, dans les prisons de la Seine, de condamnés à un an et plus d'emprisonnement.................(1). 136,263 12								
	Reste à porter au présent compte.............. 303,146 77	303,146 77	303,146 77	» »	»	303,146 77	295,000 00	8,146 77	» »
	A reporter.....	582,334 71	582,334 71	» »	» »	582,334 71	571,133 00	12,936 35	1,734 64

(1) Cette somme doit être déduite du présent compte parce qu'elle représente des dépenses mises par la loi à la charge des centimes centraux affectés au paiement des dépenses départementales communes à plusieurs départemens; aussi ces 136,263 fr. 12 cent. figurent au compte de ces dernières dépenses placé en tête du présent cahier. (Voir ce compte, chap. 3, maisons de détention; voir également la note placée page 11.)

ARTICLES DU BUDGET.	NATURE DES DÉPENSES.	MONTANT des DÉPENSES effectuées.	MANDATS de paiement délivrés.	RESTE A PAYER SUR LES DÉPENSES		TOTAL ÉGAL au montant des DÉPENSES effectuées.	CRÉDITS alloués par LE BUDGET.	EXCÉDANT DES	
				non acquittées.	non encore mandatées.			DÉPENSES sur LES CRÉDITS.	CRÉDITS sur LES DÉPENSES.
	Report.....	582,334 71	582,334 71	» »	» »	582,334 71	571,133 00	12,936 35	1,734 6
2 2°	Chauffage, éclairage, entretien et renouvellement du mobilier et objets de service :								
	Bicêtre..........................	19,235 58	19,235 58	» »	» »				
	Saint Lazare......	20,406 75	20,406 75	» »	» »				
	Maison de Justice................	2,413 32	2,413 32	» »	» »				
	Grande-Force...................	20,655 18	20,655 18	» »	» »				
	Petite-Force....................	4,507 23	4,507 23	» »	» »				
	Madelonnettes..................	16,893 24	16,893 24	» »	» »				
	Sainte-Pélagie..................	5,039 58	5,039 58	» »	» »				
	Bazancourt.....................	816 27	816 27	» »	» »	115,889 83	128,720 73	» »	12,830 9
	Dépôt de Police.................	6,707 61	6,707 61	» »	» »				
	Maison de répression de Saint-Denis..	19,144 09	19,144 09	» »	» »				
	Maison d'arrêt de Saint-Denis........								
	Maison d'arrêt de Saint-Cloud......	70 98	70 98	» »	» »				
	Maison de refuge des jeunes garçons..								
	Maison de refuge des jeunes filles....	» »	» »	» »	» »				
3	Loyers et simples réparations locatives des bâtimens :								
	Bicêtre .... { Loyers..... 65 00 / Réparations. 620 20 }	685 20	685 20	» »	» »				
	St.-Lazare....... { Loyers..... 400 00 / Réparations. 1,266 58 }	1,666 58	1,666 58	» »	» »				
	Maison de Justice. { Loyers..... » » / Réparations. 467 63 }	467 63	467 63	» »	» »				
	Grande-Force... { Loyers..... 300 00 / Réparations. 2,727 39 }	3,027 39	3,027 39	» »	» »				
	Petite-Force...... { Loyers..... 75 00 / Réparations. 528 00 }	603 00	603 00	» »	» »				
	Madelonnettes.... { Loyers..... 300 00 / Réparations. 2,131 87 }	2,431 87	2,431 87	» »	» »				
	Sainte-Pélagie.... { Loyers..... 800 00 / Réparations. 6,365 95 }	7,165 95	7,165 95	» »	» »	20,244 12	22,415 00	» »	2,170 8
	Bazancourt....... { Loyers..... » » / Réparations. 2 25 }	2 25	2 25	» »	» »				
	Dépôt de Police... { Loyers..... » » / Réparations. 2,100 18 }	2,100 18	2,100 18	» »	» »				
	Maison de répression de St.-Denis. { Loyers..... » » / Réparations. 1,007 32 }	1,007 32	1,007 32	» »	» »				
	Maison d'arrêt de St.-Denis...... { Loyers..... » » / Réparations. » » }	» »	» »	» »	» »				
	Maison d'arrêt de St.-Cloud..... { Loyers..... » » / Réparations. » » }	» »	» »	» »	» »				
	Honoraires de l'architecte pour vérification et réglement de mémoires en 1827....................	1,086 75	1,086 75	» »	» »				
	A reporter.....	718,468 66	718,468 66	» »	» »	718,468 66	722,268 73	12,936 35	16,736 4

ARTICLES DU BUDGET.	NATURE DES DÉPENSES.	MONTANT des DÉPENSES effectuées.	MANDATS de paiement délivrés.	RESTE A PAYER SUR LES DÉPENSES mandatées non acquittées.	RESTE A PAYER SUR LES DÉPENSES non encore mandatées.	TOTAL ÉGAL au montant des DÉPENSES effectuées.	CRÉDITS alloués par LE BUDGET.	EXCÉDANT DES DÉPENSES sur LES CRÉDITS.	EXCÉDANT DES CRÉDITS sur LES DÉPENSES.
	Report.....	718,468 66	718,468 66	» »	» »	718,468 66	722,268 73	12,936 35	16,736 42
4	Dépenses diverses :								
	1°. Frais de translation des prisonniers............. 9,999 96								
	2°. Fers pour les condamnés. *Néant.*								
	3°. Frais d'inhumation des détenus :								
	Bicêtre 11 00								
	Saint-Lazare 56 00								
	Maison de Justice......... 80 00								
	Grande-Force 173 50								
	Petite-Force................ 94 00								
	Madelonnettes 227 00								
	Sainte-Pélagie 32 00								
	Dépôt de Police........... 72 50								
	Maison de répression de St.-Denis................... 300 00								
	Achat de toile serpillière pour linceuls................. 168 00								
	TOTAL..... 1,154 00 1,254 00	17,614 58	17,614 58	» »	» »	17,614 58	16,750 00	864 58	» »
	4°. Frais de chauffage et éclairage des corps de garde :								
	Bicêtre 442 88								
	Saint-Lazare............. 830 75								
	Grande - Force et Petite-Force 1,258 17								
	Madelonnettes............ 719 73								
	Sainte-Pélagie............ 2,135 08								
	Maison de répression de St.-Denis 973 41								
	TOTAL..... 6,360 62 6,360 62								
	TOTAL du Chap. 2.....	736,083 24	736,083 24	» »	» »	736,083 24	739,018 73	13,800 93	16,736 42

Excédant des Crédits sur les Dépenses effectuées.....   2,935 49

CHAPITRE III.

DÉPOT, SECOURS ET ATELIERS
POUR REMÉDIER A LA MENDICITÉ.

§ Ier. *Dépôt de Mendicité à Villers-Cotterêts.*

Dépenses ordinaires pour une population effective de 672 mendians.

ARTICLES DU BUDGET.	NATURE DES DÉPENSES.	MONTANT des DÉPENSES effectuées.	MANDATS de paiement délivrés.	RESTE A PAYER mandatées non acquittées.	RESTE A PAYER non encore mandatées.	TOTAL ÉGAL au montant des DÉPENSES effectuées.	CRÉDITS alloués par LE BUDGET.	EXCÉDANT DES DÉPENSES sur LES CRÉDITS.	EXCÉDANT DES CRÉDITS sur LES DÉPENSES.
1	Traitemens, gages et salaires, etc. :								
	Traitemens et salaires des employés de tous grades.................... 17,517 39								
	Loyer du château de Villers-Cotterêts. 5,000 00								
	Frais de transport de reclus........ 893 45	23,627 04	23,627 04	» »	» »	23,627 04	26,624 00	» »	2,996 96
	Frais d'inhumation de mendians décédés................... 216 20								
	A reporter.....	23,627 04	23,627 04	» »	» »	23,627 04	26,624 00	» »	2,996 96

ARTICLES DU BUDGET.	NATURE DES DÉPENSES.	MONTANT des DÉPENSES effectuées.	MANDATS de paiement délivrés.	RESTE A PAYER SUR LES DÉPENSES mandatées non acquittées.	RESTE A PAYER SUR LES DÉPENSES non encore mandatées.	TOTAL ÉGAL au montant des DÉPENSES effectuées.	CRÉDITS alloués par LE BUDGET.	EXCÉDANT DES DÉPENSES sur LES CRÉDITS.	EXCÉDANT DES CRÉDITS sur LES DÉPENSES.
	Report	23,627 04	23,627 04	» »	» »	23,627 04	26,624 00	» »	2,996 96
2	Nourriture, entretien du linge et du mobilier, chauffage :								
	Dépenses pour la nourriture des employés et de 672 mendians........	80,924 95						(*)	
	Frais de chauffage, éclairage, entretien du linge, des vêtemens, etc........	23,067 90	105,509 40	» »	» »	105,509 40	97,126 00	8,383 40	» »
	Frais du culte et frais de bureau......	1,516 55							
	Simples réparations locatives des bâtimens du Dépôt :								
	Contributions foncières...........	170 20	850 00	» »	» »	850 00	6,250 00	» »	5,400 00
	Menus travaux divers..............	679 80							
	Total des Dépenses.....	129,986 44	129,986 44	» »	» »	129,986 44	130,000 00	8,383 40	8,396 96
	§ II. *Secours effectifs en alimens, dans le cas d'extrême misère ou disette.*	*Néant.*	*Néant.*	» »	» »	*Néant.*	*Néant.*	» »	» »
	§ III. *Ateliers de charité, afin d'occuper la classe indigente.*	*Néant.*	*Néant.*	» »	» »	*Néant.*	*Néant.*	» »	» »
	Total du Chap. 3.....	129,986 44	129,986 44	» »	» »	129,986 44	130,000 00	8,383 40	8,396 96

(*) Voir l'observation à la suite de l'article 1 du chap. II.

Excédant des Crédits sur les Dépenses effectuées.............. 13 56

CHAPITRE IV.

CASERNEMENT DE LA GENDARMERIE DÉPARTEMENTALE.

ARTICLES DU BUDGET.	NATURE DES DÉPENSES.	MONTANT des DÉPENSES effectuées.	MANDATS de paiement délivrés.	RESTE A PAYER SUR LES DÉPENSES mandatées non acquittées.	RESTE A PAYER SUR LES DÉPENSES non encore mandatées.	TOTAL ÉGAL au montant des DÉPENSES effectuées.	CRÉDITS alloués par LE BUDGET.	EXCÉDANT DES DÉPENSES sur LES CRÉDITS.	EXCÉDANT DES CRÉDITS sur LES DÉPENSES.
1	Loyers et contributions des casernes qui n'appartiennent pas au Département......................	24,963 56	24,963 56	» »	» »	24,963 56	24,000 00	(1) 963 56	» »
2	Loyers, entretien et renouvellement des lits ou autres objets du service intérieur.....................	958 91	958 91	» »	» »	958 91	1,200 00	» »	241 09
3	Indemnité aux gendarmes non casernés.......................	» »	» »	» »	» »	» »	» »	» »	» »
4	Portion du traitement d'un officier de santé attaché aux brigades de gendarmerie....................	1,109 99	1,109 99	» »	» »	1,109 99	1,200 00	» »	90 01
5	Réparations locatives des bâtimens servant de casernes.................	11,117 91	10,000 00	» »	1,117 91	11,117 91	10,000 00	(2) 1,117 91	» »
	Total du Chap. 4.....	38,150 37	37,032 46	» »	1,117 91	38,150 37	36,400 00	2,081 47	331 10

Excédant des Dépenses sur les Crédits.. ... 1,750 37

(1) Cet excédant est dû à l'augmentation du prix de loyers de quelques casernes à l'époque du renouvellement des baux.
(2) Des réparations assez importantes, et d'une urgente nécessité au réservoir et à la terrasse au-dessus de la porte principale de la caserne de Paris, et le relevé à neuf d'une partie des couvertures des bâtimens ont causé cet excédant de dépenses sur l'art. 5. On fait observer que le déficit de 1,117 f. 91 c. n'étant point encore approuvé du Ministre, n'a pas encore été mandaté.

ARTICLES DU BUDGET.	NATURE DES DÉPENSES.	MONTANT des DÉPENSES effectuées.	MANDATS de paiement délivrés.	RESTE A PAYER SUR LES DÉPENSES		TOTAL ÉGAL au montant des DÉPENSES effectuées.	CRÉDITS alloués par LE BUDGET.	EXCÉDANT DES	
				mandatées non acquittées.	non encore mandatées.			DÉPENSES sur LES CRÉDITS.	CRÉDITS sur LES DÉPENSES.
	CHAPITRE V.								
	DÉPENSES VARIABLES DES COURS ET TRIBUNAUX.								
1	Loyers et contributions des bâtimens qui n'appartiennent pas au Département............	522 80	522 80	» »	» »	522, 80	566 00	» »	43 20
2	1°. Réparations locatives des localités du Palais de Justice occupées par la Cour Royale et par les tribunaux de première instance............	27,898 64	26,516 64	522 00	860 00	30,987 31	30,000 00	(1) 987 31	» »
	2°. Idem des localités du Palais de la Bourse occupées par le tribunal de commerce.....................	3,088 67	3,088 67	» »	» »				
3	Frais d'entretien du mobilier des Cours et Tribunaux..................	5,967 00	5,967 00	» »	» »	5,967 00	6,000 00	» »	33 00
4	Amélioration ou complément dudit mobilier.................	» »	» »	» »	» »	» »	» »	» »	» »
5	Menues dépenses et frais de parquet des Cours et Tribunaux.........	61,900 00	61,900 00	» »	» »	61,900 00	61,900 00	» »	» »
6	Frais d'éclairage, de garde et de propreté du Palais de Justice et du Tribunal de Commerce............	15,764 47	15,764 47	» »	» »	15,764 47	15,200 00	(1) 564 47	» »
	Total du Chap. 5.....	115,141 58	113,759 58	522 00	860 00	115,141 58	113,666 00	1,551 78	76 20
	Excédant des Dépenses sur les Crédits alloués........							1,475 58	
	CHAPITRE VI.								
	TRAVAUX DES BATIMENS CIVILS.								
1	Entretien et réparations annuelles des maisons servant d'hôtels aux Sous-Préfectures des arrondissemens de Saint-Denis....................	499 45	499 45	» »	» »	1,000 00	1,000 00	» »	» »
	Sceaux........................	500 55	500 55	» »	» »				
2	Entretien et réparations foncières des bâtimens du Dépôt de Mendicité établi à Villers-Cotterêts, et traitement de l'architecte du Dépôt.....	7,435 95	7,435 95	» »	» »	7,435 95	5,000 00	(2) 2,435 95	» »
	A reporter.....	8,435 95	8,435 95	» »	» »	8,435 95	6,000 00	2,435 95	» »

(1) Ces deux excédans de crédits, qui ont pour objet les dépenses d'entretien faites au palais de la Bourse, pour la partie des localités occupées par le Tribunal de Commerce, et l'établissement d'un portier à la porte d'entrée du Palais de Justice sur le quai de l'Horloge, ont été autorisés par Son Excellence le Ministre de l'intérieur les 16 août et 30 décembre 1828.
(2) Des réparations urgentes aux couvertures du dépôt ont nécessité cet excédant, qui a été autorisé par le Ministre le 11 juin 1828.

6

ARTICLES DU BUDGET.	NATURE DES DÉPENSES.	MONTANT des DÉPENSES effectuées.	MANDATS de paiement délivrés.	RESTE A PAYER SUR LES DÉPENSES		TOTAL ÉGAL au montant des DÉPENSES effectuées.	CRÉDITS alloués par LE BUDGET.	EXCÉDANT DES	
				mandatées non acquittées.	non encore mandatées.			DÉPENSES sur LES CRÉDITS.	CRÉDITS sur LES DÉPENSES.
	Report.......	8,435 95	8,435 95	» »	» »	8,435 95	6,000 00	2,435 95	» »
3	*Travaux d'entretien et réparations fon-cières des prisons départementales.*								
	Bicêtre..........................	5,046 00	5,046 00	» »	» »				
	Saint-Lazare.....................	4,705 00	4,705 00	» »	» »				
	Maison de Justice................	5,403 00	5,403 00	» »	» »				
	Grande-Force....................	9,244 00	9,244 00	» »	» »				
	Petite-Force....................	1,223 06	1,223 06	» »	» »				
	Madelonnettes...................	7,616 98	5,012 99	» »	2,603 99	45,368 04	45,200 00	168 04 (1)	» »
	Sainte-Pélagie..................	5,424 00	5,424 00	» »	» »				
	Bazancourt......................	1,205 00	1,205 00	» »	» »				
	Dépôt de la Préfecture de Police.....	» »	» »	» »	» »				
	Maison de répression de Saint-Denis..	5,501 00	5,501 00	» »	» »				
	Maisons d'arrêt de Saint-Denis et de Saint-Cloud..................	» »	» »	» »	» »				
	Traitement des architectes et inspec-teurs chargés de la surveillance des bâtimens.....................	9,800 00	9,800 00	» »	» »	9,800 00	9,800 00	» »	» »
4	1°. Loyers de la maison des filles dé-tenues par forme de correction pa-ternelle.....................	3,000 00	3,000 00	» »	» »	3,000 00	3,000 00	» »	» »
	2°. Loyers de la maison d'arrêt de Saint-Cloud..................	650 00	650 00	» »	» »	650 00	700 00	» »	50 00
5	Frais de direction des travaux d'archi-tecture dans le Département......	15,700 00	15,700 00	» »	» »				
	Traitement de deux Architectes char-gés de la surveillance des travaux exécutés dans les communes rurales des arrondissemens de Saint-Denis et de Sceaux..................	6,000 00	6,000 00	» »	» »	21,700 00	22,300 00	» »	600 00
6	Acquisitions de boutiques dépendantes du Palais de Justice sur la façade du quai aux Fleurs.................	» »	» »	» »	» »	» »	19,406 00	» »	19,406 00 (2)
7	*Restauration générale des prisons.* A valoir sur les grands travaux de cons-truction de la nouvelle maison de cor-rection des femmes..............	56,554 20	56,554 20	» »	» »	56,554 20	56,554 20	» »	» »
	Total du Chap. 6........	145,508 19	142,904 20	» »	2,603 99	145,508 19	162,960 20	2,603 99	20,056 00
	Excédant des Crédits sur les Dépenses....							17,452 01	

(1) Ce léger excédant de dépenses n'est dû qu'à la difficulté de prévoir l'effet du réglement d'un très-grand nombre de mémoires de menus travaux.

(2) Cette somme est conservée pour payer une partie du prix d'acquisition des boutiques situées vis-à-vis le quai aux Fleurs.

ARTICLES DU BUDGET.	NATURE DES DÉPENSES.	MONTANT des DÉPENSES effectuées.	MANDATS de paiement délivrés.	RESTE A PAYER SUR LES DÉPENSES		TOTAL ÉGAL au montant des DÉPENSES effectuées.	CRÉDITS alloués par LE BUDGET.	EXCÉDANT DES	
				mandatées non acquittées.	non encore mandatées.			DÉPENSES sur LES CRÉDITS.	CRÉDITS sur LES DÉPENSES.
1°.	**CHAPITRE VII.** TRAVAUX DES ROUTES DÉPARTE- MENTALES. *Routes du 1er. lot.* Nos.								
	1. De Paris à St.-Cloud par le Point-du-Jour.....................	3,233 43	3,233 43	» »	» »				
	2. De Paris à St.-Cloud par Passy...	1,364 63	1,364 63	» »	» »				
	3. De Sèvres au bois de Boulogne....	88 15	88 15	» »	» »				
	4. De Longchamps au bac de Su-rène....................	» »	» »	» »	» »				
	5. De Neuilly à St.-Cloud par Su-rène....................	2,496 37	2,496 37	» »	» »				
	6. Huit chaussées adjacentes à la route Royale n°. 13.............	922 13	922 13	» »	» »				
	7. De Neuilly à Gennevilliers par Courbevoie et Asnières.........	5,804 40	5,804 40	» »	» »				
	8. De la Caserne de Courbevoie à Neuilly....................	1,985 35	1,985 35	» »	» »				
	9. De Neuilly à Maisons par Bezons...	8,409 95	8,409 95	» »	» »	37,604 00	36,200 00	(1) 1,404 00	» »
	11. De Versailles à St.-Denis (pre-mière partie).................	1,906 30	1,906 30	» »	» »				
	12. De Paris à Neuilly par le faubourg du Roule....................	5,805 31	5,805 31	» »	» »				
	29. D'Auteuil à la route Royale n°. 10...	2,142 99	2,142 99	» »	» »				
	30. De la route Royale n°. 10 au bois de Boulogne....................	324 66	324 66	» »	» »				
	31. De Courbevoie à Nanterre par l'avenue de la Caserne.........	763 51	763 51	» »	» »				
	32. De Courbevoie à Colombes.......	1,341 48	1,341 48	» »	» »				
	34. Traverse de Neuilly............	401 78	401 78	» »	» »				
	Honoraires des Ingénieurs en raison des travaux exécutés.............	613 56	613 56	» »	» »				
	A reporter.....	37,604 00	37,604 00	» »	» »	37,604 00	36,200 00	1,404 00	» »

(1) Ces excédans de dépense, comme ceux que l'on pourra remarquer sur d'autres articles, sont balancés par des bonis obtenus sur les dépenses du même chapitre. Ces modifications ont été approuvées par le Ministre de l'intérieur le 19 mars 1829.

ARTICLES DU BUDGET	NATURE DES DÉPENSES.	MONTANT des DÉPENSES effectuées.	MANDATS de paiement délivrés.	RESTES A PAYER SUR LES DÉPENSES		TOTAL ÉGAL au montant des DÉPENSES effectuées.	CRÉDITS alloués par LE BUDGET.	EXCÉDANT DES	
				mandats non acquittés.	non encore mandatées.			DÉPENSES sur LES CRÉDITS.	CRÉDITS sur LES DÉPENSES.
	Report.....	37,604 00	37,604 00	» »	» »	37,604 00	36,200 00	1,404 00	» »
2°.	*Routes du 2e. lot.* Nos.								
	11. De Versailles à St.-Denis (seconde partie)......................	4,591 67	4,591 67	» »	» »				
	13. De Paris à Saint-Ouen.........	6,339 12	6,339 12	» »	» »				
	14. De Paris à Clichy-la-Garenne....	2,917 18	2,917 18	» »	» »				
	15. De Paris à Montmartre, barrière Blanche......................	172 72	172 72	» »	» »				
	16. De St.-Denis à Montmorency....	4,226 33	4,226 33	» »	» »				
	17. De Saint-Denis à la Briche......	3,402 86	3,402 86	» »	» »				
	18. De St.-Denis au port St.-Denis....	456 95	456 95	» »	» »				
	19. De St.-Denis à Gonesse........	1,184 32	1,184 32	» »	» »				
	20. Du Bourget à Garges par Dugny...	700 24	700 24	» »	» »				
	21. Embranchement d'Aubervilliers..	1,297 06	1,297 06	» »	» »	37,602 67	39,000 00	» »	1,397 33
	22. Rue Notre-Dame dans la Villette...	1,926 53	1,926 53	» »	» »				
	24. Route dite des Petits-Ponts......	3,377 74	3,377 74	» »	» »				
	33. De Paris à Argenteuil..........	2,249 34	2,249 34	» »	» »				
	35. De Paris à Clignancourt.......	658 32	658 32	» »	» »				
	36. De La Chapelle à Clignancourt...	1,620 05	1,620 05	» »	» »				
	37. De St.-Denis à la Cour-Neuve....	1,207 26	1,207 26	» »	» »				
	38. Du Bourget à Bondy par Drancy...	661 44	661 44	» »	» »				
	Honoraires des Ingénieurs en raison des travaux exécutés	613 54	613 54	» »	» »				
3°.	*Routes du 3e lot.* Nos.								
	23. De Bondy à Charenton par Noisy (1re. partie)...................	6,186 73	6,186 73	» »	» »				
	25. Chemin de la Voirie de Mont-faucon......................	2,171 51	2,171 51	» »	» »				
	26. De Paris à Noisy par Belleville...	3,702 03	3,702 03	» »	» »				
	27. De Ménilmontant.............	670 00	670 00	» »	» »				
	28. De Paris à Charonne..........	1,439 58	1,439 58	» »	» »				
	39. Rue de l'Église, dans Pantin.....	690 00	690 00	» »	» »	23,302 34	23,300 00	(1) 2 34	» »
	40. De Pantin à Charonne..........	3,148 65	3,148 65	» »	» »				
	41. De Paris à Gagny par Montreuil..	2,519 38	2,519 38	» »	» »				
	43. De Paris à Fontenay-sous-Bois...	» »	» »	» »	» »				
	62. De Vincennes à Montreuil.......	2,394 23	2,394 23	» »	» »				
	Honoraires des Ingénieurs en raison des travaux exécutés.............	380 23	380 23	» »	» »				
	A reporter.....	98,509 10	98,509 01	» »	» »	98,509 01	98,500 00	1,406 34	1,397 33

(1) Voir l'observation à l'autre part.

ARTICLES DU BUDGET	NATURE DES DÉPENSES.	MONTANT des DÉPENSES effectuées.	MANDATS de paiement délivrés.	RESTES A PAYER SUR LES DÉPENSES		TOTAL ÉGAL au montant des DÉPENSES effectuées.	CRÉDITS alloués par LE BUDGET.	EXCÉDANS DES	
				mandatées et non acquittées.	non encore mandatées.			DÉPENSES sur LES CRÉDITS.	CRÉDITS sur LES DÉPENSES.
	Report.....	98,509 01	98,509 01	» »	» »	98,509 01	98,500 00	1,406 34	1,397 33
1 5°	*Routes du 4e. lot.*								
	Nos.								
	23. De Bondy à Charenton par Noisy (2e. partie)...................	10,675 20	10,675 20	» »	» »				
	42. De Paris à Provins par Vincennes..	» »	» »	» »	» »				
	44. De Nogent-sur-Marne à Noisy-le-Grand...................	480 00	480 00	» »	» »				
	45. Du pont de Saint-Maur à Villiers-le-Désert..................	2,800 00	2,800 00	» »	» »				
	46. Embranchement du Petit-Brie à la route n°. 45.	» »	» »	» »	» »				
	47. R. Grange-aux-Merciers dans Bercy.	1,550 00	1,550 00	» »	» »	27,483 70	27,000 00	483 70	» »
	48. Rue du Petit-Bercy............	5,900 00	5,900 00	» »	» »				
	49. Chemin des Carrières à Charenton.	590 00	590 00	» »	» »				
	50. Rue de Valdonne dans Charenton.	1,714 02	1,714 02	» »	» »				
	58. De Choisy à Bonneuil.	2,926 00	2,926 00	» »	» »				
	63. De St.-Maur au bac de Creteil....	400 00	400 00	» »	» »				
	Honoraires des Ingénieurs en raison des travaux exécutés.............	448 48	448 48	» »	» »				
1 6°	*Routes du 5e. lot.*								
	Nos.								
	51. De Paris à Choisy par Vitry.....	5,162 78	5,162 78	» »	» »				
	52. De Paris à Vitry..............	1,918 06	1,918 06	» »	» »				
	53. Avenue de Bicêtre.............	» »	» »	» »	» »				
	54. De Paris à Versailles et Chevreuse.	676 80	676 80	» »	» »				
	55. Chaussée du Maine............	2,847 44	2,847 44	» »	» »				
	56. De Cachant à Clamart par Bagneux.	» »	» »	» »	» »				
	57. De Châtillon à Sceaux p. Fontenay.	» »	» »	» »	» »				
	60. De l'École-Militaire à Vaugirard..	2,292 13	2,292 13	» »	» »				
	61. Rue du Faubourg-de-Sèvres.....	311 71	311 71	» »	» »				
	64. De Paris au Port-à-l'Anglais......	664 83	664 83	» »	» »				
	65. De Gentilly à Cachant par Arcueil.	2,085 12	2,085 12	» »	» »	24,500 51	24,500 00	» 51	» »
	66. De Villejuif à Lhaï............	393 18	393 18	» »	» »				
	67. De Versailles à Choisy par Sceaux..	2,486 00	2,486 00	» »	» »				
	68. De Choisy à Orly........	1,118 16	1,118 16	» »	» »				
	69. D'Orly à la route Royale n°. 7....	402 61	402 61	» »	» »				
	70. De Rungis à la route Royale n°. 186.	435 14	435 14	» »	» »				
	71. De Fresnes à la même route Royale.	412 60	412 60	» »	» »				
	72. De Châtenay à la même route Roy.	900 00	900 00	» »	» »				
	73. D'Arcueil à la route Royale n°. 23..	64 60	64 60	» »	» »				
	74. De Montrouge à Issy par Vanvres..	1,929 59	1,929 59	» »	» »				
	Honoraires des Ingénieurs en raison des travaux exécutés.............	399 76	399 76	» »	» »				
	A reporter.....	150,493 22	150,493 22	» »	» »	150,493 22	150,000 00	1,890 55	1,397 33

ARTICLES DU BUDGET.	NATURE DES DÉPENSES.	MONTANT des DÉPENSES effectuées.	MANDATS de paiement délivrés.	RESTE A PAYER SUR LES DÉPENSES.		TOTAL ÉGAL au montant des DÉPENSES effectuées.	CRÉDITS alloués par LE BUDGET.	EXCÉDANS DES	
				mandatées et non acquittées.	non encore mandatées.			DÉPENSES sur LES CRÉDITS.	CRÉDITS sur LES DÉPENSES.
	Report.....	15o,493 22	15o,493 22	» »	» »	15o,493 22	15o,000 00	1,89o 55	1,397 33
1 6°	Fonds de réserve pour subvenir aux services d'entretien ci-dessus détaillés qui se trouveraient en souffrance par l'insuffisance des fonds alloués :								
	Route n°. 19 de St.-Denis à Gonesse..	5,000 00	5,000 00	» »	» »				
	Route n°. 42 de Paris à Provins par Vincennes.....................	1o,247 42	1o,247 42	» »	» »	15,500 34	15,500 00	» 34	» »
	Honoraires des Ingénieurs en raison des travaux exécutés.............	252 92	252 92	» »	» »				
	TOTAL des travaux exécutés aux routes..................	165,993 56	165,993 56	» »	» »	165,993 56	165,500 00	1,89o 89	1,397 33
1 7°	Traitement de quatre conducteurs chargés de la surveillance des travaux des routes départementales...	6,000 00	6,000 00	» »	» »	6,000 00	6,000 00	» »	» »
2	Ponts à bascule établis sur les routes :								
	1°. Salaires des préposés..........	3,3oo 00	3,3oo 00	» »	» »				
	2°. Travaux d'entretien et réparations de ces ponts....................	536 74	536 74	» »	» »	3,836 74	3,600 00	236 74	» »
3	Frais de levée de plans, impressions et dépenses accidentelles :								
	Frais d'impressions à l'usage des ingénieurs....................	269 00	269 00	» »	» »	269 00	1,000 00	» »	731 00
	TOTAL du Chapitre 7.....	176,099 3o	176,099 3o	» »	» »	176,099 3o	176,100 00	2,127 63	2,128 33
	CHAPITRE VIII.	Excédant des Crédits sur les Dépenses......							» 70	
	ENFANS ABANDONNÉS.								
Unique.	Contingent du département dans les dépenses des enfans abandonnés...	3o2,497 o5	3o2,497 o5	» »	» »	3o2,497 o5	3o2,497 o5	» »	» »
	CHAPITRE IX.								
	ENCOURAGEMENS ET SECOURS.								
1	1°. Encouragement à la société d'agriculture......................	4,000 00	4,000 00	» »	» »	4,3oo 00	4,3oo 00	» »	» »
	2°. Idem à la société de médecine...	3oo 00	3oo 00	» »	» »				
	A reporter.....	4,3oo 00	4,3oo 00	» »	» »	4,3oo 00	4,3oo 00	» »	» »

ARTICLES DU BUDGET.	NATURE DES DÉPENSES.	MONTANT des DÉPENSES effectuées.	MANDATS de paiement délivrés.	RESTE A PAYER SUR LES DÉPENSES		TOTAL ÉGAL au montant des DÉPENSES effectuées.	CRÉDITS alloués par LE BUDGET.	EXCÉDANS DES	
				mandatées et non arquittées.	non encore mandatées.			DÉPENSES sur LES CRÉDITS.	CRÉDITS sur LES DÉPENSES.
	Report.....	4,300 00	4,300 00	» »	» »	4,300 00	4,300 00	» »	» »
2	Traitement annuel d'un artiste vétérinaire résidant à Saint-Denis.....	800 00	800 00	» »	» »	800 00	800 00	» »	» »
3	Pensions d'élèves sage-femmes admises à suivre les cours de la Maternité...	3,899 02	3,899 02	» »	» »	3,899 02	4,216 00	» »	316 98
4	1º. Indemnités à d'anciens employés de l'ex-conseil spécial d'administration des prisons de la Seine.......	819 35	819 35	» »	» »				
	2º. Secours à Mᵐᵉ. Gambier, veuve d'un ancien inspecteur-général des prisons.........................	709 00	709 00	» »	» »	1,528 35	2,443 00	» »	914 65
5	Supplément de rations de vivres aux détenus pour dettes indigens......	2,896 05	2,896 05	» »	» »	2,896 05	3,000 00	» »	103 95
	TOTAL du Chap. 9.....	13,423 42	13,423 42	» »	» »	13,423 42	14,759 00	» »	1,335 58
	CHAPITRE X.								
	DETTE DÉPARTEMENTALE.								
1	Exercice 1817. Prix d'objets mobiliers cédés en 1817 par la ville de Paris aux prisons départementales et au dépôt de mendicité............	6,000 00	6,000 00	» »	» »	6,000 00	6,000 00		
2	Exercice 1823. Travaux de pavage exécutés à Ste.-Pélagie.............	1,494 03	1,494 03	» »	» »	1,494 03	1,494 03	» »	» »
3	Exercice 1824. Fournitures à des reclus transférés de la maison de répression de St.-Denis au dépôt de mendicité.	8 10	8 10	» »	» »	8 10	8 10		
	Etablissement d'une conduite d'eau à la boulangerie générale des prisons à Saint-Lazare.......	1,228 36	1,228 36	» »	» »	1,228 36	1,228 36	» »	» »
4	Exercice 1825. Fournitures à des reclus transférés au dépôt de mendicité	11 15	11 15	» »	» »	11 15	11 15	» »	» »
	Menues dépenses pour l'entretien des bâtimens de ce dépôt.....	218 69	218 69	» »	» »	218 69	218 69	» »	» »
	Fourniture de bois à la maison de répression de Saint-Denis........	314 15	314 15	» »	» »	314 15	314 15	» »	» »
	Travaux de maçonnerie à la prison des Madelonnettes...	83 99	83 99	» »	» »	83 99	83 99	» »	» »
	Frais d'expertises de propriétés acquises ou à acquérir pour l'agrandissement des prisons............	669 05	669 05	» »	» »	669 05	1,080 00	» »	410 95
	A reporter.....	10,027 52	10,027 52	» »	» »	10,027 52	10,438 47	» »	410 95

ARTICLES DU BUDGET.	NATURE DES DÉPENSES.	MONTANT des DÉPENSES effectuées.	MANDATS de paiement délivrés.	RESTE A PAYER SUR LES DÉPENSES		TOTAL ÉGAL au montant des DÉPENSES effectuées.	CRÉDITS alloués par LE BUDGET.	EXCÉDANS DES	
				mandatées et non acquittées.	non encore mandatées.			DÉPENSES sur LES CRÉDITS.	CRÉDITS sur LES DÉPENSES.
	Report.....	10,027 52	10,027 52	» »	» »	10,027 52	10,438 47	» »	410 95
	Loyer d'un local occupé par une brigade de trois gendarmes, à Montmartre, pendant 3 mois de 1825...	62 50	62 50	» »	» »	62 50	62 50	» »	» »
5	Exercice 1826. Frais de nourriture et entretien de prisonniers........	338 74	» »	» »	338 74	338 74	338 74	» »	» »
	Chauffage, éclairage et entretien du mobilier des prisons............	493 20	» »	» »	493 20	493 20	493 20	» »	» »
	Frais de nourriture et autres dépenses des reclus du dépôt de mendicité..	123 07	» »	» »	123 07	123 07	123 07	» »	» »
	Réparations locatives des bâtimens de dépôt.....................	94 80	» »	» »	94 80	94 80	94 80	» »	» »
	Réparation aux conduites d'eau de la caserne de la gendarmerie départementale à Paris...............	102 85	102 85	» »	» »	102 85	102 85	» »	» »
	Complément du loyer de la maison d'arrêt de St.-Cloud pendant le 2e. semestre 1826.................	75 00	75 00	» »	» »	75 00	75 00	» »	» »
	Travaux de serrurerie à la Grande-Force.	70 55	70 55	» »	» »	70 55	70 55	» »	» »
	Fourniture de bitume à la prison des Madelonnettes................	6 00	6 00	» »	» »	6 00	6 00	» »	» »
	Grands travaux des prisons : Construction de la maison de correction des femmes : 1°. Solde des travaux de fouille exécutés en 18.6...........	3,370 46	3,370 46	» »	» »				
	3°. Frais de pose de la première pierre, construction d'une barrière d'enceinte, d'un bureau et d'une loge de gardien.................	36,390 57	36,390 57	» »	» »	39,761 03	39,761 03	» »	» »
	Grands travaux au Palais de Justice : Construction de partie de la façade de ce palais sur le quai de l'Horloge..	20,784 33	20,784 33	» »	» »	20,784 33	20,784 33	» »	» »
	Dépenses diverses : Secours de 15 cent. par lieue à des voyageurs indigens.............	255 80	255 80	» »	» »	255 80	255 80	» »	» »
	Frais d'étape de 15 cent. par lieue à des forçats libérés...............	58 20	58 20	» »	» »	58 20	58 20	» »	» »
	Frais de transport de voyageurs indigens malades................	75 00	75 00	» »	» »	75 00	75 00	» »	» »
	A reporter.....	72,328 59	71,278 78	» »	1,049 81	72,328 59	72,739 54	» »	410 95

ARTICLES DU BUDGET	NATURE DES DÉPENSES.	MONTANT des DÉPENSES effectuées.	MANDATS de paiement délivrés.	RESTE A PAYER SUR LES DÉPENSES		TOTAL ÉGAL au montant des DÉPENSES effectuées.	CRÉDITS alloués par LE BUDGET.	EXCÉDANS DES	
				mandatées et non acquittées.	non encore mandatées.			DÉPENSES sur LES CRÉDITS.	CRÉDITS sur LES DÉPENSES.
	Report.....	72,328 59	71,278 78	» »	1,049 81	72,328 59	72,739 54	» »	410 95
	Exercice 1817. Retenues de garantie sur travaux des routes :								
	Routes nos. 1, 2, 3, 4, 11, 29, 30, formant le 1er. lot............	1,433 93	1,433 93	» »	» »				
	Routes nos. 5, 7, 8, 9, 10, 31, 32, formant le 2e. lot............	2,440 86	2,440 86	» »	» »				
	Routes nos. 6, 12, 15, 33, 34, 35, 36, formant le 3e. lot............	1,337 56	1,337 56	» »	» »				
	Routes nos. 11, 13, 14, 16, 17, 18, formant le 4e. lot............	3,188 04	3,188 04	» »	» »				
	Routes nos. 19, 20, 21, 22, 24, 37, 38, formant le 5e. lot............	1,327 38	1,327 38	» »	» »				
	Routes nos. 23, 25, 26, 27, 28, 39, 40, formant le 6e. lot............	1,244 10	1,244 10	» »	» »				
	Routes nos. 23, 42, 47, 48, 59, 50, 63, formant le 7e. lot............	1,933 99	1,933 99	» »	» »	18,656 15	20,000 00	» »	1,343 85
	Routes nos. 41, 43, 44, 45, 66, 62, formant le 8e. lot............	1,331 15	1,331 15	» »	» »				
	Routes nos. 51, 52, 53, 64, 65, 68, 69, formant le 9e. lot............	1,321 90	1,321 90	» »	» »				
	Routes nos. 54, 56, 57, 73, formant le 10e. lot.................	1,138 42	1,138 42	» »	» »				
	Routes nos. 55, 60, 61, 74, formant le 11e. lot.................	1,179 23	1,179 23	» »	» »				
	Routes nos. 66, 67, 70, 71, 72, formant le 12e. lot............	295 26	295 26	» »	» »				
	Route no. 58, hors lots	179 93	179 93	» »	» »				
	Honoraires des Ingénieurs en raison des travaux exécutés.............	304 40	304 40	» »	» »				
	Frais de confection des Listes électorales et du Jury en 1827, et dépenses relatives aux élections faites dans le mois de novembre 1827...........	71,402 70	71,402 70	» »	» »	71,402 70	72,002 95	» »	600 25
	Total du Chapitre 10.......	162,387 44	161,337 63	» »	1,049 81	162,387 44	164,742 49	» »	2,355 05

ARTICLES DU BUDGET.	NATURE DES DÉPENSES.	MONTANT des DÉPENSES effectuées.	MANDATS de paiement délivrés.	RESTE A PAYER SUR LES DÉPENSES		TOTAL ÉGAL au montant des DÉPENSES effectuées.	CRÉDITS alloués par LE BUDGET.	EXCÉDANS DES	
				mandatées et non acquittées.	non encore mandatées.			DÉPENSES sur LES CRÉDITS.	CRÉDITS sur LES DÉPENSES.
	CHAPITRE XI.								
	FONDS DE RÉSERVE.								
	§. 1.								
	Dépenses diverses annuelles.								
1	Supplément de traitement du Secrétaire général de la Préfecture.....	6,000 00	6,000 00	» »	» »	6,000 00	6,000 00	» »	» »
2	*Id.* du Sous-Préfet de Saint-Denis...	3,000 00	3,000 00	» »	» »	6,000 00	6,000 00	» »	» »
	Id. du Sous-Préfet de Sceaux.......	3,000 00	3,000 00	» »	» »			» »	» »
3	*Id.* des cinq Conseillers de Préfecture.	14,841 53	14,841 53	» »	» »	14,841 53	15,000 00	» »	158 47
4	Moitié des frais de bureaux des Ponts et Chaussées....................	10,000 00	10,000 00	» »	» »	10,000 00	10,000 00	» »	» »
5	Indemnité au Receveur-général du département, pour la comptabilité des fonds spéciaux et de cotisations, en dépôt à sa caisse pour le service du Département et des communes rurales.	500 00	500 00	» »	» »	500 00	500 00	» »	» »
6	Dépenses de la Morgue et frais d'ensevelissement des corps y déposés...	2,626 00	2,626 00	» »	» »	2,626 00	2,500 00	(1) 126 00	» »
7	Frais relatifs au recrutement annuel des jeunes soldats..............	1,200 00	1,200 00	» »	» »	1,200 00	1,200 00	» »	» »
8	Frais de confection et d'affiches des listes électorales et du jury pour l'année 1828....................	40,501 44	40,501 44	» »	» »	40,501 44	30,000 00	(2) 10,501 44	» »
	A reporter.....	81,668 97	81,668 97	» »	» »	81,668 97	71,200 00	10,627 44	158 47

(1) Le nombre des corps déposés à la morgue, et pour lesquels il est alloué un droit fixe, ayant été plus grand qu'on ne l'avait prévu au budget, a occasionné cet excédant de 126 francs.
(2) La dépense a reçu l'approbation du Ministre qui, par lettres du 14 février et 4 mars 1829, a alloué cet excédant dû en très-grande partie à la première confection des boîtes d'exposition des listes tant à Paris que dans les communes rurales du département.

ARTICLES DU BUDGET	NATURE DES DÉPENSES.	MONTANT des DÉPENSES effectuées.	MANDATS de paiement délivrés.	RESTE A PAYER SUR LES DÉPENSES		TOTAL LÉGAL au montant des DÉPENSES effectuées.	CRÉDITS alloués par LE BUDGET.	EXCÉDANS DES	
				mandatées et non acquittées.	non encore mandatées.			DÉPENSES sur LES CRÉDITS.	CRÉDITS sur LES DÉPENSES.
	Report.....	81,668 97	81,668 97	» »	» »	81,668 97	71,200 00	10,627 44	158 47
	§. 2. *Dépenses accidentelles imprévues.*								
1°	Frais faits aux limites du Département pour la réception du Roi au retour de son voyage dans les départemens de l'Est......................	1,714 20	1,714 20	» »	» »				
2°	Prix de souscription à 15 exemplaires des Classiques latins............	2,542 50	2,542 50	» »	» »				
3°	*Idem* à 12 exemplaires des Annales de l'industrie agricole..............	360 00	360 00	» »	» »				
4°	Indemnité au gardien de l'ancien Tribunal de Commerce..............	300 00	300 00	» »	» »				
5°	Frais de transport des voyageurs indigens et vagabonds, en 1827........	372 25	372 25	» »	» »				
6°	Prix d'abonnement de la Sous-Préfecture de Sceaux pour fourniture annlle, par la Société des Eaux de Sceaux..	50 00	50 00	» »	» »	14,838 97 (1)	39,830 55	» »	24,991 58
7°	Honoraires d'avocat pour plaidoyer près la Cour Royale, relativement au paiement du prix d'acquisition d'une maison servant de caserne de gendarmerie à Neuilly...........	200 00	200 00	» »	» »				
8°	Moitié, à la charge du Département, dans les dépenses relatives aux courses de chevaux qui ont eu lieu au Champ de-Mars en 1828.........	9,300 02	9,300 02	» »	» »				
9°	Contingent du Département dans les frais d'entretien du palais de la Bourse de Paris, en raison des localités occupées par le Tribunal de Commerce....................	*Mémoire.*	*Mémoire.*	» »	» »				
	TOTAL du Chapitre 11......	96,507 94	96,507 94	» »	» »	96,507 94	111,030 55	10,627 44	25,150 05

Excédant des Crédits sur les Dépenses............. 14,522 61

(1) Toutes ces Dépenses n'ont été faites et payées qu'en vertu d'autorisations spéciales de S. Exc. le Ministre de l'Intérieur.

ARTICLES DU BUDGET.	NATURE DES DÉPENSES.	MONTANT des DÉPENSES effectuées.	MANDATS de paiement délivrés.	RESTE A PAYER SUR LES DÉPENSES		TOTAL ÉGAL au montant des DÉPENSES effectuées.	CRÉDITS alloués par LE BUDGET.	EXCÉDANS DES	
				mandatées et non acquittées.	non encore mandatées.			DÉPENSES sur LES CRÉDITS.	CRÉDITS sur LES DÉPENSES.
	RÉCAPITULATION.								
Chap. 1.	Préfecture	13,483 01	13,483 01	» »	» »	13,483 01	13,600 00	» »	116 99
— 2.	Prisons départementales.	736,083 24	736,083 24	» »	. » »	736,083 24	739,018 73	» »	2,935 49
— 3.	Dépôt, secours et ateliers pour remédier à la mendicité	129,986 44	129,986 44	» »	» »	129,986 44	130,000 00	» »	13 56
— 4.	Casernement de la Gendarmerie	38,150 37	37,032 46	» »	1,117 91	38,150 37	36,400 00	1,750 37	» »
— 5.	Dépenses variables des Cours et Tribunaux.....	115,141 58	113,759 58	522 00	860 00	115,141 58	113,666 00	1,475 58	» »
— 6.	Travaux des bâtimens civils...............	145,508 19	142,904 20	» »	2,603 99	145,508 19	162,960 20	» »	17,452 01
— 7.	Travaux des routes départementales	176,099 30	176,099 30	» »	» »	176,099 30	176,100 00	» »	70
— 8.	Enfans-Trouvés	302,497 05	302,497 05	» »	» »	302,497 05	302,497 05	» »	» »
— 9.	Encouragems. et secours.	13,423 42	13,423 42	» »	» »	13,423 42	14,759 00	» »	1,335 58
— 10.	Dette départementale...	162,387 44	161,337 63	» »	1,049 81	162,387 44	164,742 49	» »	2,355 05
— 11.	Fonds de réserve......	96,507 94	96,507 94	» »	» »	96,507 94	111,030 55	» »	14,522 61
	Totaux généraux...	1,929,267 98	1,923,114 27	522 00	5,631 71	1,929,267 98	1,964,774 02	3,225 95	38,731 99

Excédant des Crédits sur les Dépenses faites..... 35,506 04

BALANCE.

Les RECETTES portées en tête du présent Compte, et dont on doit justifier, sont de.......................... | | | 1,969,796 95

Le Total des DÉPENSES comprises dans la Récapitulation des *Dépenses effectuées*, se monte à...................... | | 1,929,267 98 |

Sur ce Total il reste à payer pour mandats expédiés et non présentés au Payeur au 30 novembre 1829............. | 522 00 | |

Idem à mandater ultérieurement sur les Budgets des exercices suivans..................................... | 5,631 71 | 6,153 71 |

Reste en Dépenses acquittées...... | | 1,923,114 27 | 1,923,114 27

Partant, les Recettes présentent un Excédant annulé par le Trésor Royal au 30 novembre 1829, et à comprendre au Budget de report de l'exercice 1829 sur 1830........ | | | 46,682 68

A ajouter pour complément des ressources extraordinaires de 1828 non ordonnancé par le Ministre.. | | | 166 50

TOTAL GÉNÉRAL des fonds disponibles à reporter.... | | | 46,849 18

Paris, le 30 janvier 1830.

Certifié véritable,

Le Conseiller d'État, Préfet de la Seine,

Signé CHABROL.

Le Payeur du département de la Seine certifie le présent Compte en ce qui concerne les paiemens effectués, lesquels s'élèvent à la somme de un million neuf cent vingt-trois mille cent quatorze francs vingt-sept centimes.

Paris, le 12 février 1830.

Signé SCITIVAUX.

9

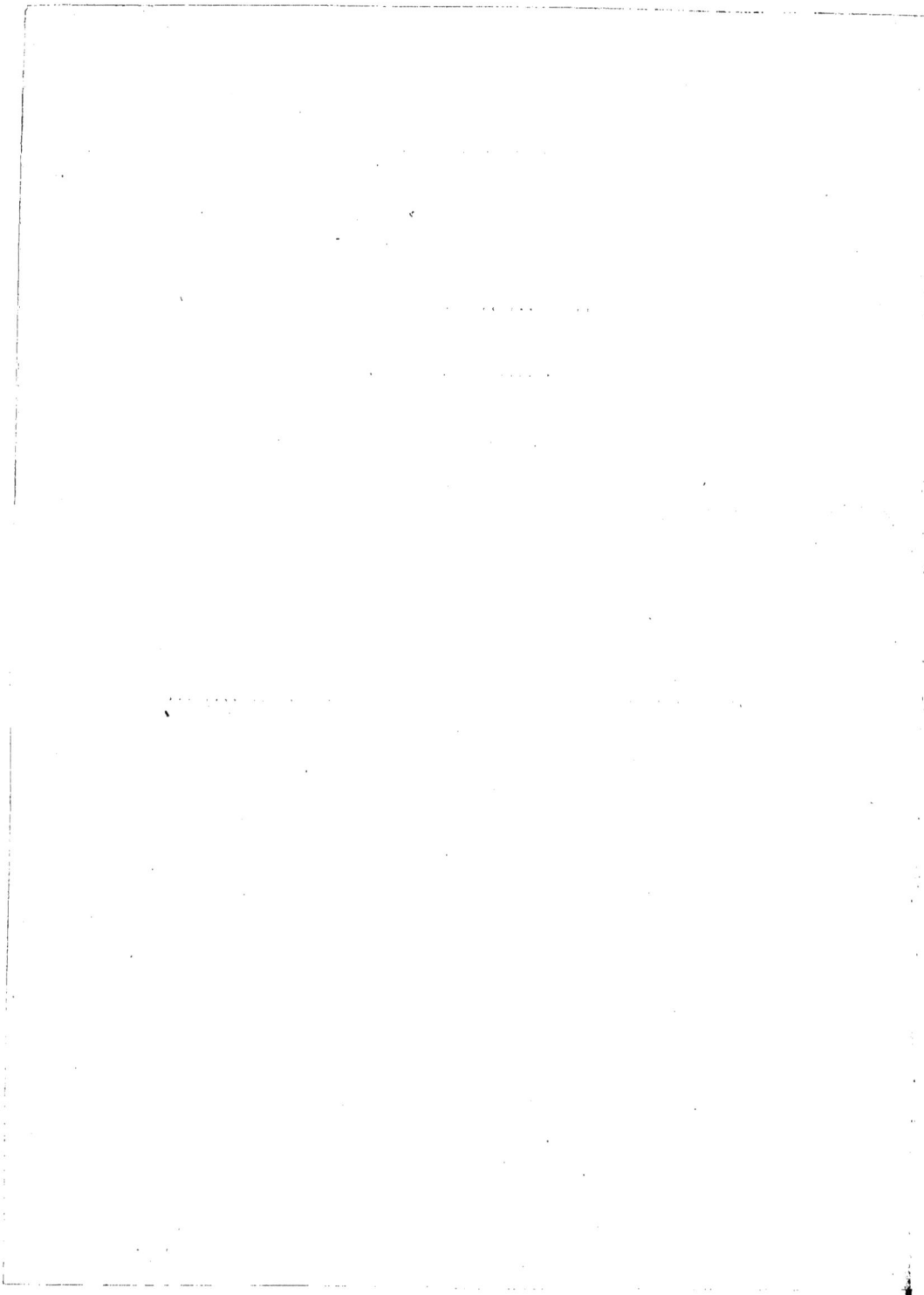

Compte,

AU 1er. DÉCEMBRE 1829,

DES

Dépenses départementales, facultatives et extraordinaires,

de l'Exercice 1828,

Et des sommes qui ont été allouées, ordonnancées et employées au paiement de ces Dépenses.

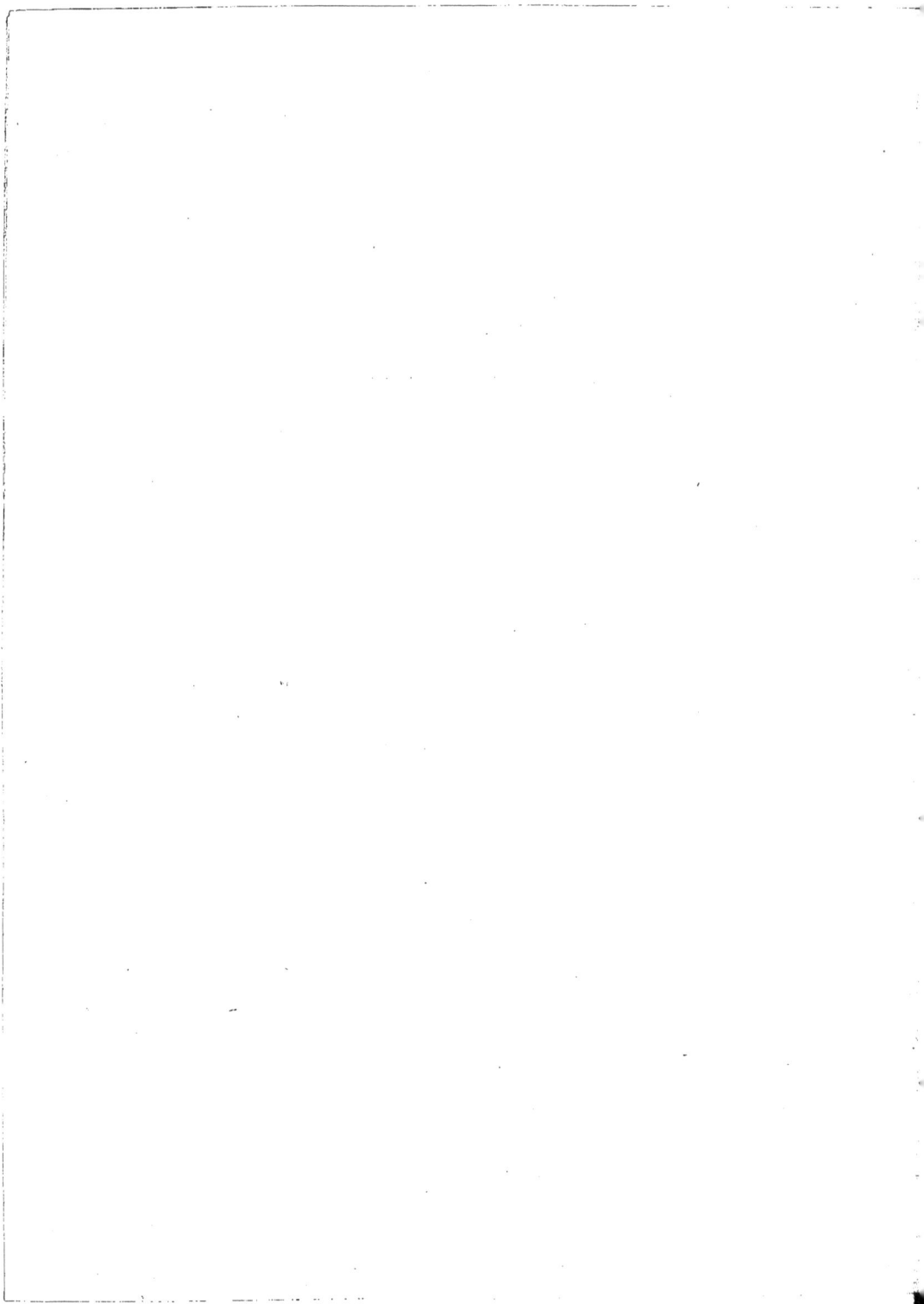

CRÉDITS

ACCORDÉS

Pour Dépenses extraordinaires d'utilité départementale.

Exercice 1828.

Il a été alloué, tant au Budget primitif des Dépenses facultatives qu'au Budget des centimes extraordinaires, et au Budget de report des fonds libres de 1826 sur 1828, pour toutes les Dépenses qui y sont désignées, une somme totale de *un million sept cent vingt-neuf mille six cent soixante-cinq francs quatre-vingt-dix-huit centimes;*

SAVOIR :

Sur les cinq centimes facultatifs ordinaires.	552,296	15
Sur les deux centimes extraordinaires imposés en vertu de la loi du 21 juillet 1824.	220,918	46
Sur les deux centimes extraordinaires imposés en vertu de la loi du 9 mai 1827.	360,592	»
Sur les fonds libres reportés de 1826 à 1828.	595,859	37
ENSEMBLE. . . :	1,729,665	98

Par suite de la fixation à 5,994,301 fr. 71 c. du principal des Patentes pour l'exercice 1828, les deux centimes imposés pour les travaux extraordinaires des routes ont produit.	119,886	03
Comme ils n'ont été évalués au Budget de ces travaux que sur un principal de 5,703,777 fr. devant produire. . .	114,075	52
Il en résulte une augmentation de ressource de. .	5,810	51

Dont il y a lieu de tenir compte ici pour mémoire et sauf rentrée.

10

RECETTES

Ou Ordonnances de Délégation, délivrées par S. Ex. le Ministre de l'Intérieur,
sur les allocations des Budgets.

ARTICLE PREMIER.
Sur les centimes facultatifs et extraordinaires de 1828.

Le 23 février 1828,	Ordonnance n°. 204 de............	188,000 00	
Le 20 mars	Ordonnance n°. 371 de............	86,000 00	
Le 19 avril	Ordonnance n°. 568 de............	93,000 00	
Le 17 mai	Ordonnance n°. 839 de............	86,000 00	
Le 25 juin	Ordonnance n°. 1190 de............	82,000 00	
Le 21 juillet	Ordonnance n°. 1331 de............	76,000 00	
Le 19 août	Ordonnance n°. 1638 de............	54,000 00	1,133,806 58
Le 19 septembre	Ordonnance n°. 1866 de............	76,000 00	
Le 17 octobre	Ordonnance n°. 2091 de............	56,000 00	
Le 20 novembre	Ordonnance n°. 2360 de............	66,000 00	
Le 12 décembre	Ordonnance n°. 2480 de............	78,000 00	
Le 22 janvier 1829,	Ordonnance n°. 2735 de............	90,000 00	
Le 18 février	Ordonnance n°. 2841 de............	102,806 58	

ARTICLE II.
Sur les centimes de l'exercice de 1826.

Le 23 juillet 1828,	Ordonnance n°. 1392 de............	119,288 43	
Le 25 juillet	Ordonnance n°. 1425 de............	118,883 90	595,859 37
Le 31 août	Ordonnance n°. 1777 de............	155,980 49	
Le 19 septembre	Ordonnance n°. 1872 de............	201,706 55	

TOTAL GÉNÉRAL des sommes ordonnancées, ou montant des Recettes dont on doit justifier.........	1,729,665 95

FONDS recouvrés non ordonnancés.

Complément du produit des deux centimes imposés pour travaux extraordinaires des routes, suivant la note de l'autre part...	5,810 51
Complément pour appoint du crédit de 1,729,665 fr. 98 c.......	» 03
TOTAL non ordonnancé................	5,810 54

ARTICLES DU BUDGET.	NATURE DES DÉPENSES.	MONTANT des DÉPENSES effectuées.	MANDATS de paiement délivrés par le préfet.	RESTES A PAYER SUR LES DÉPENSES		TOTAL ÉGAL au montant des DÉPENSES.	SOMMES allouées pour ces dépenses AUX BUDGETS.	EXCÉDANS DES	
				mandatées et non acquittées.	non mandatées par le préfet.			DÉPENSES sur les sommes allouées aux budgets.	SOMMES allouées sur les dépenses.
	DÉPENSES.								
	SECTION PREMIÈRE.								
	SECOURS.								
1	Fonds de réserve pour ateliers de charité afin d'occuper la classe indigente des communes rurales pendant l'hiver....................	3,000 00	3,000 00	» »	» »	3,000 00	3,000 00	» »	» »
2	Secours à la maison de refuge des jeunes prisonniers.................	4,000 00	4,000 00	» »	» »	} 8,000 00	8,000 00	» »	» »
3	Secours à la maison du Bon-Pasteur...	4,000 00	4,000 00	» »	» »				
4	Complément du contingent du département dans les dépenses des Enfans-Trouvés.................	25,500 00	25,500 00	» »	» »	25,500 00	25,500 00	» »	» »
	TOTAL de la Sect. 1re......	36,500 00	36,500 00	» »	» »	36,500 00	36,500 00	» »	» »
	SECTION II.								
	DÉPENSES RELATIVES AU CLERGÉ.								
1	Indemnité à M. l'Archevêque........	20,000 00	20,000 00	» »	» »	20,000 00	20,000 00	» »	» »
	Indemnité supplémentaire à M. l'Archevêque....................	10,000 00	10,000 00	» »	» »	10,000 00	10,000 00	» »	» »
2	Indemnité aux membres du Chapitre métropolitain..................	31,115 51	31,044 41	» »	71 10	31,115 51	31,791 10	» »	675 59
3	Travaux de constructions du séminaire diocésain....................	Néant.	» »	» »	» »	Néant.	Néant.	» »	» »
4	Contribution dans les dépenses de construction de deux églises ;								
	Savoir : Église de Bercy..........	10,000 00	10,000 00	» »	» »	} 17,539 00	17,539 00	» »	» »
	Église de Montrouge......	7,539 00	7,539 00	» »	» »				
	A reporter......	78,654 51	78,583 41	» »	71 10	78,654 51	79,330 10	» »	675 59

ARTICLES DU BUDGET	NATURE DES DÉPENSES.	MONTANT des DÉPENSES effectuées.	MANDATS de paiement délivrés par le Préfet.	RESTES A PAYER SUR LES DÉPENSES mandatées et non acquittées.	RESTES A PAYER non mandatées par le Préfet.	TOTAL ÉGAL au montant des DÉPENSES.	SOMMES allouées pour ces dépenses AUX BUDGETS.	EXCÉDANS DES DÉPENSES sur les sommes allouées aux budgets.	EXCÉDANS DES SOMMES allouées sur les DÉPENSES.
	Report.....	78,654 51	78,583 41	» »	71 10	78,654 51	79,330 10	» »	675 59
5	Contribution dans les dépenses de restauration de deux autres églises ;								
	Savoir : Église de Villejuif.....	8,800 00	8,800 00	» »	» »	20,800 00	20,800 00	» »	» »
	Église de Neuilly.....	12,000 00	12,000 00	» »	» »				
6	Confection et restauration d'objets d'art servant à la décoration des églises des communes rurales......	4,000 00	4,000 00	» »	» »	4,000 00	4,000 00	» »	» »
7	Réparations et fournitures au mobilier de l'archevêché................	5,864 26	5,864 26	» »	» »	5,864 26	5,864 26	» »	» »
	TOTAL de la Sect. 2e.......	109,318 77	109,247 67	» »	71 10	109,318 77	109,991 36	» »	675 59

SECTION III.

ACQUISITIONS FONCIÈRES.

ARTICLES	NATURE DES DÉPENSES.	MONTANT	MANDATS	mandatées	non mandatées	TOTAL	SOMMES	EXCÉD. DÉP.	EXCÉD. SOMMES
1	Acquisition d'une maison à Neuilly, pour servir de caserne à la gendarmerie....................	40,073 39	34,823 39	» »	5,250 00	40,073 39	40,024 55	48 84	» »
2	Acquisition de deux propriétés enclavées dans les bâtimens du Palais de Justice.....................	16,164 61	16,164 61	» »	» »	16,164 61	16,550 00	» »	385 39
	TOTAL de la Sect. 3e........	56,238 00	50,988 00	» »	5,250 00	56,238 00	56,574 55	48 84	385 39

Excédant des Crédits sur les Dépenses.......... 336 55

SECTION IV.

TRAVAUX EXTRAORDINAIRES
AUX ROUTES DÉPARTEMENTALES.

§. 1er.

Travaux neufs.

ARTICLES	NATURE DES DÉPENSES.	MONTANT	MANDATS	mandatées	non mandatées	TOTAL	SOMMES	EXCÉD. DÉP.	EXCÉD. SOMMES
1	Continuation du pavage de la route no. 41, de Paris à Lagny, par Charonne....................	55,568 92	55,568 92	» »	» »	55,568 92	53,686 26	1,882 66	» »
2	Construction et pavage de la route no. 33, de Paris à Argenteuil, par Monceaux et Asnières...........	53,535 16	53,535 16	» »	» »	53,535 16	90,000 00	» »	36,464 84
3	Élargissement de la chaussée de la route no. 14, de Paris à Clichy....	22,513 13	22,513 13	» »	» »	22,513 13	25,000 00	» »	2,486 87
4	Route no. 26, de Paris à Noisy, par Belleville (traverse de Romainville.).................	10,007 23	10,007 23	» »	» »	10,007 23	10,000 00	7 23	» »
5	Élargissement de la chaussée de la route no. 54 de Paris à Chevreuse et Versailles..................	23,081 98	23,081 98	» »	» »	23,081 98	37,000 00	» »	13,918 02
	A reporter.....	164,706 42	164,706 42	» »	» »	164,706 42	215,686 26	1,889 89	52,869 73

ARTICLES DU BUDGET.	NATURE DES DÉPENSES.	MONTANT des DÉPENSES effectuées.	MANDATS de paiement délivrés par le préfet.	RESTES A PAYER SUR LES DÉPENSES		TOTAL ÉGAL au montant des DÉPENSES.	SOMMES allouées pour ces dépenses AUX BUDGETS.	EXCÉDANS DES	
				mandatées et non acquittées.	non mandatées par le préfet.			DÉPENSES sur les sommes allouées aux budgets.	SOMMES allouées sur les DÉPENSES.
	Report.....	164,706 42	164,706 42	» »	» »	164,706 42	215,686 26	1,889 89	52,869 73
6	Continuation des travaux de construction de la route n°. 56, de Cachant à Clamart...................	9,506 87	9,506 87	» »	» »	9,506 87	9,500 00	6 87	» »
7	Travaux de pavage de la route n°. 57, de Châtillon à Sceaux..........	24,017 35	24,017 35	»	» »	24,017 35	24,000 00	17 35	» »
8	Établissement de chaussées sur des parties de la route n°. 63, de Saint-Maur au bac de Creteil..........	3,000 00	3,000 00	» »	» »	3,000 00	3,000 00	» »	» »
9	Solde des travaux de pavage de la route n°. 64, de Paris au Port-à-l'Anglais...........................	22,726 39	22,726 39	» »	» »	22,726 39	22,726 39	» »	» »
	§ 2.								
	Constructions.								
1	Continuation des travaux de restauration du pont de Saint-Maur, sur la route n°. 42.....................	100,055 75	100,055 75	» »	» »	100,055 75	100,000 00	55 75	» »
2	Établissement de digues à Colombes, contre les inondations de la Seine...	17,364 94	17,362 13	2 81	» »	17,364 94	17,364 94	» »	» »
	§ 3.								
	Plantations des routes.								
	Entretien et renouvellement de ces plantations....................	6,891 25	6,891 25	» »	» »	6,891 25	5,000 00	1,891 25	» »
	A reporter.............	348,268 97	348,266 16	2 81	» »	348,268 97	397,277 59	3,861 11	52,869 73

11

ARTICLES DU BUDGET.	NATURE DES DÉPENSES.	MONTANT des DÉPENSES effectuées.	MANDATS de paiement délivrés par le préfet.	RESTES A PAYER SUR LES DÉPENSES		TOTAL ÉGAL au montant des DÉPENSES.	SOMMES allouées pour ces dépenses AUX BUDGETS.	EXCÉDANS DES	
				mandatées et non acquittées.	non mandatées par le préfet.			DÉPENSES sur les sommes allouées aux budgets.	SOMMES allouées sur les DÉPENSES.
	Report......	348,268 97	348,266 16	2 81	» »	348,268 97	397,277 59	3,861 11	52,869 73
	§ 4.								
	Fonds de réserve pour travaux d'urgence.								
1	Route n°. 6. Redressement de la chaussée de la rue de Villiers, dans Neuilly......................	4,000 00	4,00 00	» »	»				
2	Route n°. 2. Réparations extraordinaires à la rue Francklin dans Saint-Cloud....................	900 00	900 00	» »	» »				
3	Route n°. 17. Raccordement de la route avec la promenade de la ville de Saint-Denis.................	1,200 00	1,200 00	» »	» »				
4	Route n°. 23. Pavage de la chaussée de cette route dans la traverse de Bagnolet......................	6,900 00	6,900 00	» »	» »				
5	Route n°. 21. Reconstruction d'un ponceau sur cette route.............	1,915 20	1,915 20	» »	» »				
6	Route n°. 48. Prix d'acquisition d'un terrain nécessaire à l'alignement de cette route.................	292 99	292 99	» »	» »				
7	Retenues de garantie exercées sur travaux exécutés en 1827 aux routes départementales:					18,117 82	32,092 00	» »	13,974 18
	N°. 42, de Paris à Provins..........	239 88	239 88	» »	» »				
	N°. 51, de Paris à Choisy par Ivry...	1,497 14	1,497 14	» »	» »				
	N°. 66, de Villejuif à Lhaï	274 30	274 30	» »	» »				
	N°. 67, de Choisy à Versailles par Sceaux........................	430 49	430 49	» »	» »				
	N°. 72, de Châtenay à la route Royale n°. 186.....................	176 01	176 01	» »	» »				
8	Honoraires des ingénieurs et conducteurs chargés de la surveillance et de la direction des travaux énoncés au présent § 4.................	291 81	291 81	» »	» »				
	TOTAL de la Sect. 4.......	366,386 79	366,383 98	2 81	» »	366,386 79	429,369 59	3,861 11	66,843 91

Excédant des Crédits sur les Dépenses........ 62,982 80

ARTICLES DU BUDGET.	NATURE DES DÉPENSES.	MONTANT des DÉPENSES effectuées.	MANDATS de paiement délivrés par le préfet.	RESTES A PAYER SUR LES DÉPENSES		TOTAL LÉGAL au montant des DÉPENSES.	SOMMES allouées pour ces dépenses AUX BUDGETS.	EXCÉDANS DES	
				mandatées et non acquittées.	non mandatées par le préfet.			DÉPENSES sur les sommes allouées aux budgets.	SOMMES allouées sur les DÉPENSES.
	SECTION V.								
	GRANDS TRAVAUX AUX ÉDIFICES DÉPARTEMENTAUX.								
	§. Ier.								
	Sous-Préfectures :								
1	Solde des travaux de restauration et d'appropriation intérieure de la Sous-Préfecture de Saint-Denis........	986 78	986 78	» »	» »	986 78	1,000 00	» »	13 22
2	Travaux d'agrandissement de la Sous-Préfecture de Sceaux.............	4,200 00	4,200 00	» »	» »	4,200 00	4,200 00	» »	» »
3	Établissement d'une conduite d'eau pour le service de cette Sous-Préfecture........................	1,255 44	1,255 44	» »	» »	1,255 44	2,256 00	» »	1,000 56
	TOTAL du §. Ier........	6,442 22	6,442 22	» »	» »	6,442 22	7,456 00	» »	1,013 78
	§. 2.								
	Gendarmerie.								
Unique.	Travaux d'appropriation et d'agrandissement de la caserne de gendarmerie de St.-Denis.............	4,987 50	4,987 50	» »	» »	4,987 50	5,000 00	» »	12 50
	§. 3.								
	Palais de Justice.								
1	Relevé à neuf d'un quinzième des couvertures du Palais de Justice et ses dépendances......................	1,435 23	1,435 23	» »	» »	1,435 23	1,500 00	» »	64 77
2	Solde des travaux de restauration du dépôt des détenus (dit les Souricières) , et d'établissement d'un passage sur la cour du quai de l'Horloge, pour le service de ce dépôt...	2,567 95	2,567 95	» »	» »	2,567 95	5,000 00	» »	2,432 05
	A reporter.....	4,003 18	4,003 18	» »	» »	4,003 18	6,500 00	» »	2,496 82

ARTICLES DU BUDGET.	NATURE DES DÉPENSES.	MONTANT des DÉPENSES effectuées.	MANDATS de paiement délivrés par le préfet.	RESTES A PAYER SUR LES DÉPENSES		TOTAL ÉGAL au montant des DÉPENSES.	SOMMES allouées pour ces dépenses AUX BUDGETS.	EXCÉDANS DES	
				mandatées et non acquittées.	non mandatées par le préfet.			DÉPENSES sur les sommes allouées aux budgets.	SOMMES allouées sur les DÉPENSES.
	Report......	4,003 18	4,003 18	» »	» »	4,003 18	6,500 00	» »	2,496 82
3	Agrandissement des localités affectées au service du Tribunal de première instance, et transport des Archives de l'état-civil..................	46,732 57	46,732 57	» »	» »	46,732 57	55,000 00	»	8,267 43
4	Restauration de la grande grille du Palais, sur la cour du Mai..........	6,984 00	6,984 00	» »	» »	6,984 00	6,984 00	» »	» »
5	Solde des travaux de construction de la partie du Palais entre la tour de l'Horloge et la tour de César, sur le quai de l'Horloge...................	13,515 13	950 21	12,564 92	» »	13,515 13	13,515 13	» »	» »
6	Solde des travaux de restauration des localités du Palais de Justice, occupées par le Tribunal de première instance.....................	895 85	895 85	» »	» »	895 85	936 00	» »	40 15
	Total du §. 3.........	72,130 73	59,565 81	12,564 92	» »	72,130 73	82,935 13	» »	10,804 40
	§. 4.								
	Travaux de restauration générale et d'agrandissement des prisons départementales.								
1	Travaux d'appropriation et d'agrandissement de la maison de justice ou Conciergerie..................	107,044 53	106,798 03	246 50	» »	107,044 53	41,641 32	65,403 21	» »
2	Continuation des travaux de construction d'une nouvelle maison de correction des femmes :								
	1° Travaux de construction de cette prison.....................	35,161 10	35,161 10	» »	» »				
	2° Acquisition : intérêts du prix du terrain acquis pour l'emplacement de cette prison.......	» »	» »	» »	» »	35,161 10	62,861 36	» »	27,700 26
	A reporter....	142,205 63	141,959 13	246 50	« »	142,205 63	104,502 68	65,403 21	27,700 26

ARTICLES DU BUDGET.	NATURE DES DÉPENSES.	MONTANT des DÉPENSES. effectuées.	MANDATS de paiement délivrés par le préfet.	RESTES A PAYER SUR LES DÉPENSES		TOTAL ÉGAL au montant des DÉPENSES.	SOMMES allouées pour ces dépenses AUX BUDGETS.	EXCÉDANS DES	
				mandatées et non acquittées.	non mandatées par le préfet.			DÉPENSES sur les sommes allouées aux budgets.	SOMMES allouées sur les DÉPENSES.
	Report.....	142,205 63	141,959 13	246 50	» »	142,205 63	104,502 68	65,403 21	27,700 26
5	Prison de Saint-Lazare :								
	1°. Travaux de restauration et d'agrandissement de cette prison, destinée à la répression des femmes..	161,180 46	161,103 19	» »	77 27				
	2°. Solde des travaux de maçonnerie exécutés en 1826, pour restauration et agrandissement........	4,128 99	989 56	» »	3,139 43				
	3°. Solde des frais de construction du mur de clôture sur la rue Chabrol.....................	12,587 28	12,587 28	» »	» »	180,972 85	454,475 93	» »	273,503 08
	Idem du mur de clôture sur la rue de Paradis..................	3,076 12	3,076 12	» »	» »				
4	Prison de Sainte-Pélagie :								
	1°. Travaux de restauration et d'agrandissement de cette prison, destinée à la correction des hommes....................	20,739 35	20,739 35	» »	» »				
	2°. Solde de travaux divers exécutés en 1826................	6,523 88	6,523 88	» »	» »	27,263 23	39,455 38	» »	12,192 15
5	Dépôt près la Préfecture de police :								
	1°. Travaux de construction de ce dépôt.....................	72,254 56	21,450 »	» »	50,804 56				
	2°. Solde des travaux exécutés en 1826 pour cette construction....	5,944 33	905 69	» »	5,038 64				
	3°. Établissement de lieux d'aisances dans les localités du Tribunal de 1re. instance, au Palais de Justice, en remplacement de ceux qui ont été démolis par suite de la construction du dépôt.............	2,119 47	1,223 82	» »	895 65	86,960 68	157,108 85	» »	70,148 17
	4°. Établissement d'un dépôt provisoire, par suite de la suppression de celui sur l'emplacement duquel on bâtit le nouveau dépôt.......	6,642 32	4,440 24	» »	2,202 08				
6	Prison de la Dette :								
	1°. Appropriation d'une maison acquise pour y établir la nouvelle prison de la Dette.............	» »	» »	» »	» »	748 15	166,633 99	» »	165,885 84
	2°. Conservation de la maison acquise pour l'établissement de cette prison........................	748 15	748 15	» »	» »				
	A reporter.......	438,150 54	375,746 41	246 50	62,157 63	438,150 54	922,176 83	65,403 21	549,429 50

12

ARTICLES DU BUDGET	NATURE DES DÉPENSES.	MONTANT des DÉPENSES effectuées.	MANDATS de paiement délivrés par le préfet.	RESTES A PAYER SUR LES DÉPENSES		TOTAL ÉGAL au montant des DÉPENSES.	SOMMES allouées pour ces dépenses AUX BUDGETS.	EXCÉDANS DES	
				mandatées et non acquittées.	non mandatées par le préfet.			DÉPENSES sur les sommes allouées aux budgets.	SOMMES allouées sur les DÉPENSES.
	Report........	438,150 54	375,746 41	246 50	62,157 63	438,150 54	922,176 83	65,403 21	549,429 50
	Fonds de réserve pour dépenses diverses des prisons.								
	1°. Prison de Bicêtre :								
	Indemnité au propriétaire d'un terrain occupé par un dépôt des matériaux approvisionnés en 1819, pour construction de nouveaux ateliers dans cette prison..........	150 00	150 00	» »	» »				
	Salaire du gardien desdits matériaux, du 1er. au 15 janvier 1828, époque de la cession des matériaux à l'administration des hospices.......	247 50	225 00	22 50	» »				
	2°. Prison de Sainte-Pélagie :								
	Indemnité à l'un des propriétaires voisins de la prison, pour dommages à lui causés par suite des grands travaux de construction,.......... 400 } Honoraires pour l'expertise de cette indemnité......... 70 50 }	470 50	470 50	» »	» »				
	3°. Nouvelle prison de la Dette :								
	Travaux de pavage au-devant de la maison destinée à l'établissement de cette prison................	82 »	82 »	» »	» »	1,629 03	40,359 52	» »	38,730 49
	4°. Prison de Saint-Lazare :								
	Frais judiciaires pour obtenir d'un propriétaire voisin une déclaration à fin de constructions à frais communs d'un mur mitoyen	16 23	16 23	» »	» »				
	5°. Dépenses d'intérêt commun aux diverses prisons :								
	Indemnité allouée à l'architecte inspecteur-général des travaux des prisons pendant 1828........	500 00	500 »	» »	» »				
	6°. Frais de déplacement du chef du bureau des grands travaux de la Préfecture, pour la visite des divers ateliers de construction pendant 1828.................	162 80	162 80	» »	» »				
	TOTAL du § 4..........	439,779 57	377,352 94	269 »	62,157 63	439,779 57	962,536 35	65,403 21	588,159 99
	Report du §. 1er.......	6,442 22	6,442 22	» »	» »	6,442 22	7,456 »	» »	1,013 78
	Report du §. 2........	4,987 50	4,987 50	» »	» »	4,987 50	5,000 »	» »	12 50
	Report du §. 3........	72,130 73	59,565 81	12,564 92	» »	72,130 73	82,935 13	» »	10,804 40
	TOTAL GÉNÉRAL de la Section 4...	523,340 02	448,348 47	12,833 92	62,157 63	523,340 02	1,057,927 48	(1) 65,403 21	599,990 67
									534,587 46

(1) Cet excédant de dépense est imputable, d'après autorisation ministérielle, sur les excédans de crédits des autres prisons.

ARTICLES DU BUDGET.	NATURE DES DÉPENSES.	MONTANT des DÉPENSES effectuées.	MANDATS de paiement délivrés par le préfet.	RESTES A PAYER SUR LES DÉPENSES		TOTAL ÉGAL au montant des DÉPENSES.	SOMMES allouées pour ces dépenses AUX BUDGETS.	EXCÉDANS DES	
				mandatés et non acquittés.	non mandatés par le préfet.			DÉPENSES sur les sommes allouées aux budgets.	SOMMES allouées sur les DÉPENSES.
	SECTION VI.								
	DÉPENSES DIVERSES.								
1	Indemnité aux cinq Conseillers de préfecture......................	14,841 53	14,841 53	» »	» »	14,841 53	15,000 00	» »	158 47
2	Instruction primaire dans les communes rurales :								
	1°. Frais des comités chargés de la surveillance des écoles......	800 »	800 00	» »	» »	800 00	3,300 00	» »	2,500 00
	2°. Encouragement aux instituteurs......................	» »	» »	» »	» »				
3	Encouragement pour la propagation de la vaccine....................	5,999 25	5,999 25	» »	» »	5,999 25	6,000 00	» »	00 75
4	Frais de levée de plaus des chemins vicinaux et des rues dans les communes rurales.................	5,760 03	5,760 03	» »	» »	5,760 03	15,000 00	» »	9,239 97
	Total de la Sect. 6..........	27,400 81	27,400 81	» »	» »	27,400 81	39,300 00	» »	11,899 19

RÉCAPITULATION.

		MONTANT des DÉPENSES effectuées.	MANDATS de paiement délivrés par le préfet.	RESTES A PAYER SUR LES DÉPENSES		TOTAL ÉGAL au montant des DÉPENSES.	SOMMES allouées pour ces dépenses AUX BUDGETS.	EXCÉDANS DES	
				mandatés et non acquittés.	non mandatés par le préfet.			DÉPENSES sur les sommes allouées aux budgets.	SOMMES allouées sur les DÉPENSES.
Sect. 1.	Secours................	36,500 00	36,500 00	» »	» »	36,500 00	36,500 00	» »	» »
— 2.	Dépenses relatives au clergé.	109,318 77	109,247 67	» »	71 10	109,318 77	109,994 36	» »	675 59
— 3.	Acquisitions foncières.....	56,238 00	50,988 00	» »	5,250 00	56,238 00	56,574 55	» »	336 55
— 4.	Travaux extraordinaires aux routes départementales..	366,386 79	366,383 98	2 81	» »	366,386 79	429,369 59	» »	62,982 80
— 5.	Grands travaux aux édifices départementaux........	523,340 02	448,348 47	12,833 92	62,157 63	523,340 02	1,057,927 48	» »	534,587 46
— 6.	Dépenses diverses........	27,400 81	27,400 81	» »	» »	27,400 81	39,300 00	» »	11,899 19
	Totaux Généraux.....	1,119,184 39	1,038,868 93	12,836 73	67,478 73	1,119,184 39	1,729,665 98	» »	610,481 59

ℬalance.

Les Recettes portées en tête du présent compte et dont on doit justifier, sont de.			1,729,665 95
Le Total général des Dépenses comprises dans la Récapitulation, à la colonne des Dépenses effectuées, est de. . . .		1,119,184 39	
Sur ce Total il reste à payer pour mandats expédiés et non présentés au Payeur..	12,836 73		
Idem à payer ultérieurement sur les Budgets des exercices suivans pour Dépenses faites et non encore mandatées. . . .	67,478 73	80,315 46	
RESTE EN DÉPENSES ACQUITTÉES.		1,033,868 93	1,038,868 93

Partant, les Ordonnances du Ministre qui composent la Recette présentent, au 30 novembre 1829, un reste non employé qui a dû être annulé par le Trésor, et qui devra former le Budget de report de l'exercice 1828 sur 1830 . . . . 690,797 02

A quoi il y a lieu d'ajouter, pour complément de recettes recouvrées et non ordonnancées sur centimes extraordinaires des routes, etc. 5,810 54

TOTAL GÉNÉRAL des Fonds disponibles à reporter. . | 696,607 56

Certifié véritable par le Conseiller d'État,
Préfet de la Seine,

A Paris, le 30 janvier 1830.

Signé CHABROL.

Le Payeur du département de la Seine certifie le présent compte, en ce qui concerne les paiemens effectués, montant à un million trente-huit mille huit cent soixante-huit francs quatre-vingt-treize centimes.

A Paris, le 12 février 1830.

Signé SCITIVAUX.

Le présent Compte n'étant clos, d'après les Réglemens, qu'au 1er. décembre 1829, ne peut être présenté au Conseil général du Département que pendant la session de ce conseil, en 1830.

BUDGET

DES

Dépenses Départementales Fixes,

Et de celles qui sont communes à plusieurs départemens;

IMPUTABLES

Sur les Centimes Additionnels centralisés au Trésor Royal pour le paiement de ces Dépenses.

Exercice 1830.

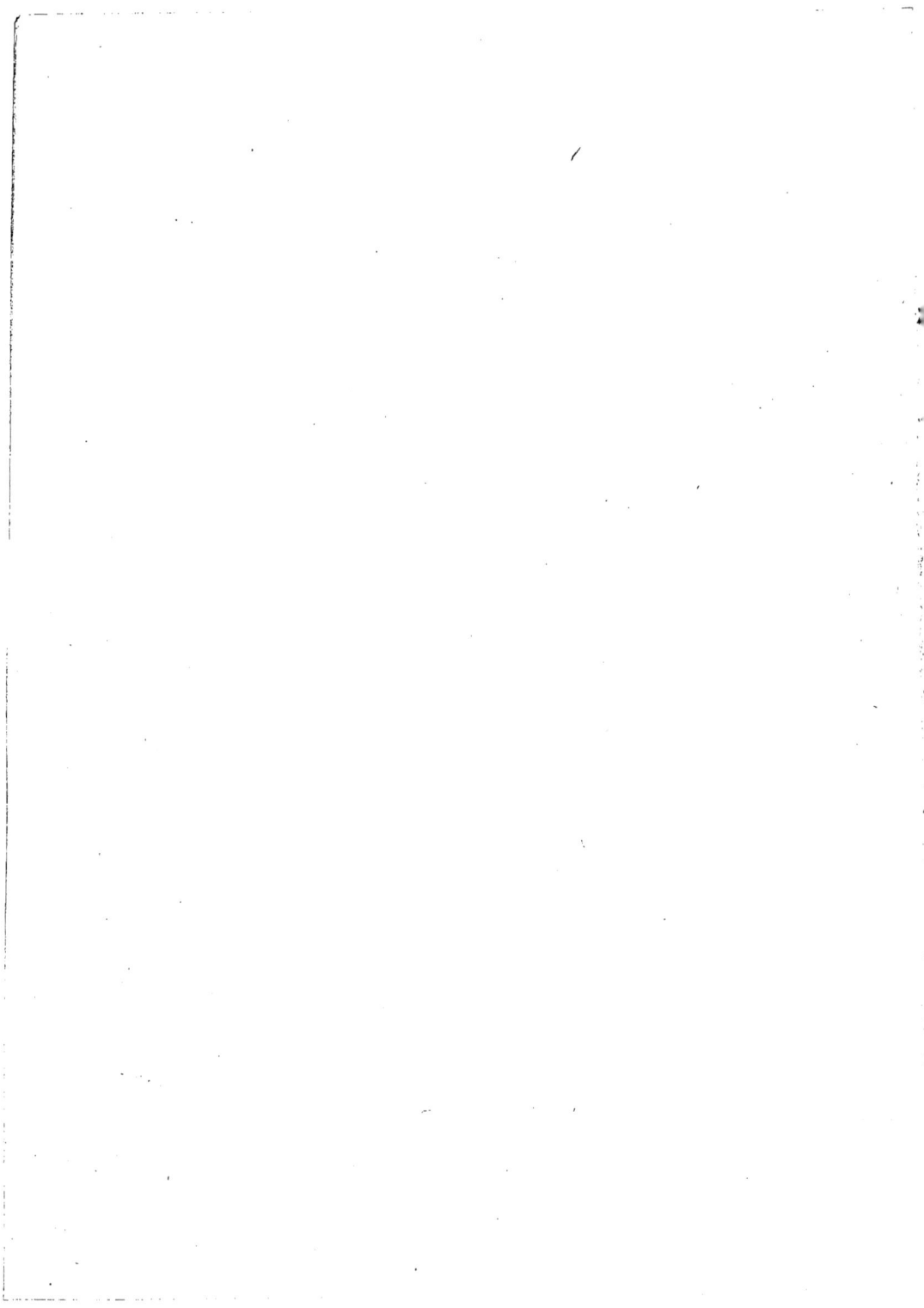

ARTICLES DU BUDGET.	NATURE DES DÉPENSES.	SOMMES accordées (1) PAR LE MINISTRE.	MOTIFS DES DÉCISIONS DU MINISTRE.
			(1) Ces sommes sont allouées sans le concours du Conseil Général, la loi laissant les centimes centralisés à la disposition du Ministre de l'Intérieur.
	DÉPENSES.		
	CHAPITRE PREMIER.		
	TRAITEMENS ADMINISTRATIFS.		
1	Traitement du Préfet................................	72,000 00	Conformément à l'Ordonnance royale du 23 septembre 1829.
2	Traitement du Secrétaire général de la Préfecture.........	6,000 00	
3	Traitemens { du Sous-Préfet de l'arrond. de St.-Denis..... du Sous-Préfet de l'arrond. de Sceaux.......	6,000 00	Mêmes sommes qu'en 1829.
4	Traitement des cinq Conseillers de Préfecture.............	15,000 00	
	TOTAL du Chapitre Ier.....	99,000 00	
	CHAPITRE II.		
	FRAIS D'ADMINISTRATION PAR ABONNEMENT.		
1	Frais d'administration de la Préfecture..................	215,000 00	Conformément à l'Ordonnance royale susdatée.
2	Frais d'admon. des Sous-Préfectures { de St.-Denis....13,600 de Sceaux.....13,000	27,200 00	Comme en 1829.
	TOTAL du Chapitre II.....	242,200 00	
	CHAPITRE III.		
	MAISON CENTRALE DE DÉTENTION.		
	SECT. 1re. — Dépenses ordinaires et annuelles de cette maison.	*Néant.*	
	SECT. 2e. — Dépenses extraordinaires de cette maison.....	*Néant.*	
	SECT. 3e. — Indemnité au Département en raison des condamnés à un an et plus d'emprisonnement, non admis, faute de place, dans la Maison Centrale de détention, et qui restent, par cette raison, dans les prisons du département de la Seine..................................	59,000 00	Alloué conformément à la demande du Préfet ; on comptera à la fin de l'exercice d'après un prix de journée, qui reste fixé à 56 c. par condamné.
	TOTAL du Chapitre III.....	59,000 00	

ARTICLES DU BUDGET.	NATURE DES DÉPENSES.	SOMMES accordées PAR LE MINISTRE.	MOTIFS DES DÉCISIONS DU MINISTRE.
	CHAPITRE IV.		
	CONSTRUCTIONS ET GROSSES RÉPARATIONS AUX BATIMENS DES COURS ROYALES.		
1	Contingent des centimes centralisés dans les frais de relevé à neuf d'un quinzième des Couvertures du Palais de Justice.	650 00	Alloué comme en 1829, et conformément au marché approuvé le 2 janvier 1821.
2	*Idem* dans les frais de dallage des galeries du Palais ; travaux évalués à .... 5,000 fr.	800 00	Alloué.
3	Agrandissement de la Bibliothèque des Avocats de la Cour Royale..........	6,000 00	Cette somme est allouée à valoir, pour les travaux dont il s'agit, et dont l'exécution a été autorisée le 2 novembre 1829. Le solde sera alloué, par suite, au fur et à mesure de l'avancement des travaux, dont le Préfet devra avoir soin de rendre compte.
4	Contingent dans l'indemnité de l'Architecte Inspecteur général des bâtimens du Palais de Justice................	(1) 80 00	
	TOTAL du Chapitre IV..........	7,530 00	(1) Accordé comme en 1829
	CHAPITRE V.		
	ENTRETIEN D'ÉTABLISSEMENS THERMAUX. *Néant.*	» »	
	RÉCAPITULATION.		
CHAP.	1. Traitemens administratifs.....................	99,000 00	
—	2. Frais d'administration par abonnement........	242,200 00	
—	3. Maison Centrale de détention................	59,000 00	
—	4. Constructions et réparations	7,530 00	
—	5. Établissemens thermaux......................	» »	
	TOTAL GÉNÉRAL des Dépenses...........	407,730 00	

Le Ministre Secrétaire d'État de l'Intérieur,

« Vu la loi du 2 août 1829 (Budget des Dépenses), approuve, jusqu'à concurrence de quatre » cent sept mille sept cent trente francs, les Dépenses comprises au présent Budget, et alloue » pareille somme sur les centimes centralisés de l'année courante. »

Paris, le 20 mars 1830.

Signé MONTBEL.

Budget

DES

Dépenses Variables,

IMPUTABLES

Sur les centimes additionnels ordinaires laissés à la disposition de chaque département ; sur la somme accordée dans la répartition du fonds commun de secours, et sur les ressources éventuelles appartenant au Département.

Exercice 1830.

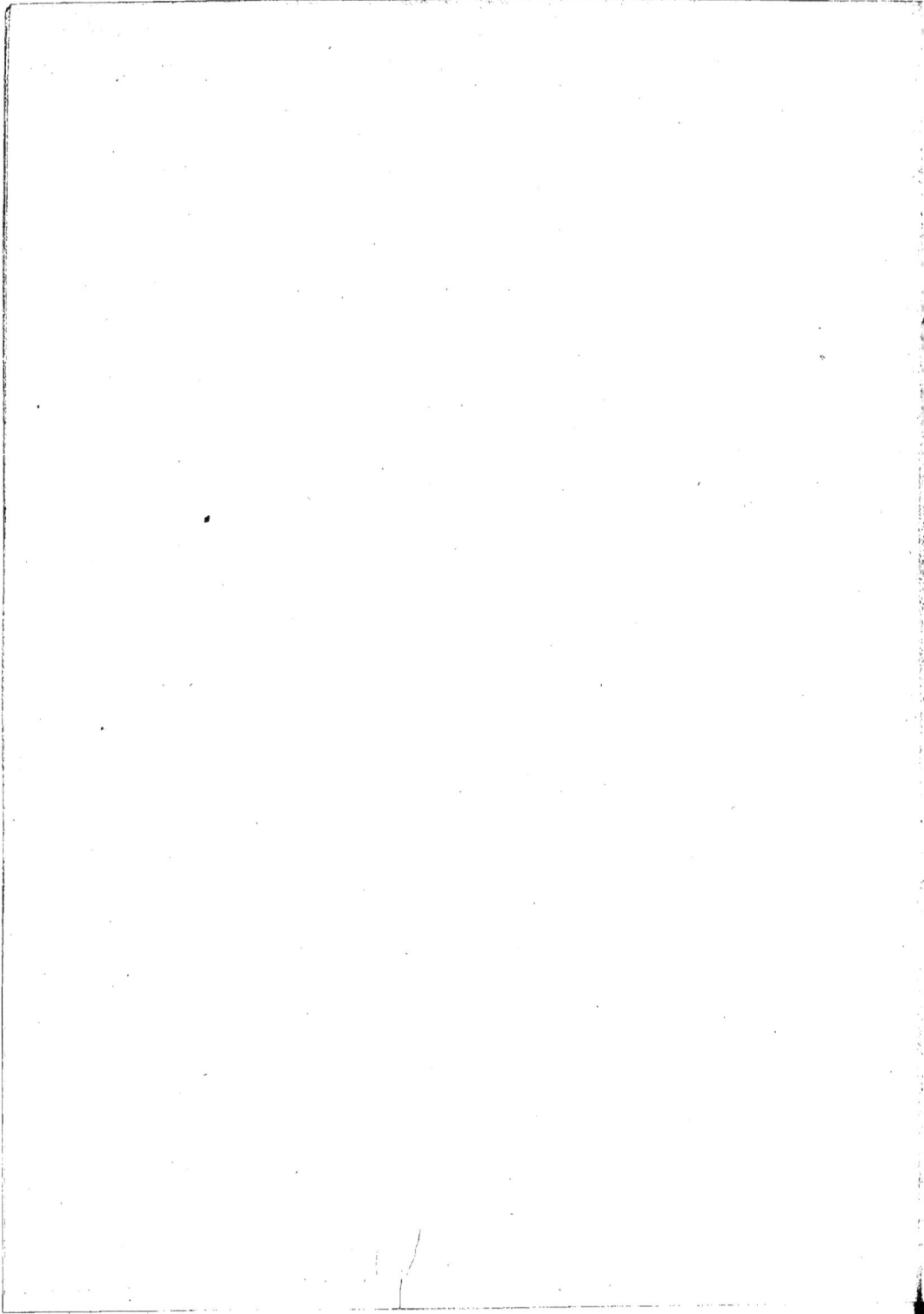

ARTICLES DU BUDGET.	NATURE DES DÉPENSES.	SOMMES votées PAR LE CONSEIL.	DÉCISIONS DU MINISTRE.
	DÉPENSES.		
	CHAPITRE PREMIER.		
	HOTEL DE LA PRÉFECTURE.		
1	1°. Loyers de l'Hôtel de la Préfecture, ou des bâtimens occupés par les bureaux, lorsque ces édifices ne sont pas des propriétés départementales......................	12,000 00	Alloué comme en 1829.
	2°. Contributions directes à acquitter par le Département à raison de ces loyers...........................	» »	
	3°. Réparations locatives de ces mêmes bâtimens..........	» »	
2	Frais de chauffage et d'éclairage du corps-de-garde de la Préfecture..	2,000 00	400 francs de plus qu'en 1829.
3	Entretien ordinaire du mobilier de la Préfecture............	» »	
4	Achats nouveaux pour complément du mobilier de la Préfecture.	» »	
	TOTAL du Chapitre Ier......	14,000 00	
	CHAPITRE II (1).		
	DÉPENSES DES PRISONS DÉPARTEMENTALES		
	(MAISONS D'ARRÊT, DE JUSTICE OU DE CORRECTION).		
	Administration.		
1	1°. Indemnités aux aumôniers; traitement des officiers de santé, concierges; salaires des guichetiers (sujets à la retenue de deux pour cent pour les pensions de retraite)..	250,950 00	Approuvé.
	2°. *Idem* (non sujets à la retenue)......................	31,403 00	Comme en 1829.
2	1°. Nourriture, entretien de tous les détenus sans distinction, et autres dépenses y relatives............ 412,932 00 A déduire: l'indemnité à laquelle aura droit le Département sur les centimes centralisés, pour frais de séjour des condamnés à un an et plus de détention dans les prisons départementales.. 92,624 00		
	Reste à allouer au présent Budget........ ... 320,308 00	320,308 00	14,042 francs de plus qu'en 1829.
	A reporter................	602,661 00	

(1) Ordonnancé par M. le Préfet de Police.

ARTICLES DU BUDGET.	NATURE DES DÉPENSES.	SOMMES votées PAR LE CONSEIL.	DÉCISIONS DU MINISTRE.
	Report......	602,661 00	
	2°. Chauffage et éclairage , entretien et renouvellement du mobilier, du linge ou d'objets de service , médicamens et autres menus dépenses du régime intérieur...........	141,928 00	5,928 francs de plus qu'en 1829.
	Bâtimens.		
3	Loyers, entretien , ou simples réparations locatives des bâtimens; savoir :		
	Loyers divers............... 1,865 00	24,865 00	Comme en 1829.
	Réparations locatives.......... 23,000 00		
	Objets divers.		
4	1°. Frais de translation des prisonniers d'une prison à une autre, ou d'une prison départementale à la maison centrale de détention, après condamnation............	10,000 00	Comme en 1829.
	2°. Fers pour les condamnés.....................	250 00	*Idem.*
	3°. Frais d'inhumation des décédés..................... ...	1,500 00	*Idem.*
	4°. Frais de chauffage et d'éclairage des corps-de-garde établis près des prisons................................	6,000 00	*Idem.*
	Total du Chapitre II......	787,204 00	

CHAPITRE III (1)

DÉPOT, SECOURS, ET ATELIERS POUR REMÉDIER A LA MENDICITÉ.

§ Ier.

ARTICLES DU BUDGET.	NATURE DES DÉPENSES.	SOMMES	DÉCISIONS
1	*Dépôt de mendicité à Villers-Cotteréts.*		
	(*Dépenses ordinaires, calculées à raison d'environ sept cents mendians.*)		
	1°. Traitemens, gages et salaires, loyers et menus dépenses d'administration...................................	19,924 00	Approuvé.
	2°. Nourriture et dépenses relatives.....................	62,532 50	2,532 fr. 50 c. de plus qu'en 1829.
	3°. Eutretien du mobilier, du linge; chauffage, éclairage , médicamens, et autres menues dépenses du régime intérieur du Dépôt, etc...............................	43,405 50	4,405 fr. 50 c. de plus qu'en 1829.
	4°. Entretien ou simples réparations annuelles des bâtimens..	6,250 00	150 francs de plus qu'en 1829.
	5°. Entretien et renouvellement des métiers..............	» »	
	§ II.		
2	*Secours effectifs en alimens dans le cas d'extrême misère ou de disette locale.* (Voir le Budget de la ville de Paris)..	» »	
3	*Ateliers de charité , afin d'occuper la classe indigente*........	» »	
	(Voir le Budget des dépenses extraordinaires, sect. 1re., art. 1er.)		
	Total du Chapitre III......	132,112 00	

(1) Ordonnancé par M. le Préfet de Police.

ARTICLES DU BUDGET.	NATURE DES DÉPENSES.	SOMMES votées PAR LE CONSEIL.	DÉCISIONS DU MINISTRE.
	CHAPITRE IV.		
	FRAIS ORDINAIRES DU CASERNEMENT DE GENDARMERIE DÉPARTEMENTALE.		
1	Loyer et contributions des casernes qui n'appartiennent pas au Département............................	25,000 00	
2	Indemnité aux gendarmes non casernés.................	» »	
3	Entretien simple ou frais d'appropriation des bâtimens.......	10,000 00	
4	Loyer, entretien ou renouvellement des lits ou d'autres objets du service intérieur.................................	1,200 00	Mêmes sommes qu'en 1829.
5	Indemnité de literie aux gendarmes extraits de la ligne......	» »	
6	Portion de traitement d'un officier de santé attaché aux compagnies de la gendarmerie du Département.............	1,200 00	
	TOTAL du Chapitre IV......	37,400 00	
	CHAPITRE V.		
	DÉPENSES VARIABLES DES COURS ET TRIBUNAUX.		
1	1°. Loyer des bâtimens qui n'appartiennent pas au Département..	» »	
	2°. Contributions foncières............................	700 00	134 francs de plus qu'en 1829.
2	Réparations locatives des bâtimens :		
	1°. Palais de Justice............................	30,000 00	Comme en 1829.
	2°. Tribunal de Commerce, au Palais de la Bourse.........	3,500 00	Comme en 1829.
3	Frais d'entretien du mobilier des Cours et Tribunaux.......	6,000 00	Comme en 1829. — Le Préfet joindra aux mandats de paiement les pièces justificatives de l'emploi de cette somme.
4	1°. Amélioration ou complément de mobilier pour la Cour Royale....................................	» »	
	2°. Id. pour le Tribunal de Première Instance.............	» »	
	3°. Id. pour celui d	» »	
	4°. Id. pour le Tribunal de Commerce...................	» »	
5	Menues dépenses et frais de Parquet des Cours et Tribunaux.	66,300 00	Accordé ; il sera statué ultérieurement sur les réclamations des tribunaux.
6	Menus frais de Parquet des Justices de Paix...............	» »	
7	Frais de surveillance, de garde, et éclairage des cours et escaliers du Palais de Justice et du Tribunal de Commerce..	16,540 00	600 francs de plus qu'en 1829.
	TOTAL du Chapitre V......	123,040 00	

15

ARTICLES DU BUDGET.	NATURE DES DÉPENSES.	SOMMES votées PAR LE CONSEIL.	DÉCISIONS DU MINISTRE.
	CHAPITRE VI.		
	TRAVAUX DE BATIMENS.		
1	Entretien et réparations annuelles des Hôtels des Sous-Préfectures de l'arrondissement de Saint-Denis... 500 00		
	Idem de Sceaux....... 500 00	1,000 00	Même somme qu'en 1829.
2	Travaux d'entretien et réparations foncières des bâtimens du Dépôt de Mendicité...............	6,000 000	Même somme qu'en 1829.
3	Travaux d'entretien et réparations foncières des bâtimens des prisons départementales........... 45,200 00	55,000 00	Comme en 1829.
	Traitement des architectes et inspecteurs des bâtimens........... 9,800 00		
4	1°. Loyer de la maison des Dames de St.-Michel pour la détention des jeunes filles par voie de correction paternelle....	3,000 00	Comme en 1829.
	2°. Loyer des bâtimens du Dépôt de Mendicité de Villers-Cotterêts...............	5,000 00	Comme en 1829.
5	1°. Frais de direction des travaux d'architecture dans le département de la Seine........... 15,300 00	22,300 00	Comme en 1829.
	2°. Subvention du Département dans les frais de bureau de la Direction des travaux de Paris... 7,000 00		
	TOTAL du Chapitre VI.......	92,300 00	
	CHAPITRE VII.		
	TRAVAUX DES ROUTES DÉPARTEMENTALES.		
1	1°. Entretien ordinaire des routes formant le 1er.lot........	20,900 00	Approuvé.
	2°. id. id. 2e. lot........	33,700 00	*Idem.*
	3°. id. id. 3e. lot........	16,600 00	*Idem.* Le Préfet se conformera, quant aux travaux d'art ou aux travaux neufs, à l'art. 2 de l'ordonnance royale du 8 août 1821.
	4°. id. id. 4e. lot........	18,600 00	*Idem.*
	5°. id. id. 5e. lot........	29,100 00	*Idem.*
2	Honoraires des ingénieurs et conducteurs chargés de la direction et de la surveillance des travaux d'entretien des routes......... (1 2,600 00		(1) Approuvé, sauf à se conformer à la circulaire du 12 juillet 1827, et à ne faire payer le traitement de conducteurs ou de piqueurs que selon le nombre reconnu nécessaire et d'après les fixations déterminées par l'administration des ponts et chaussées.
	A reporter......	121,500 00	

ARTICLES DU BUDGET.	NATURE DES DÉPENSES.	SOMMES votées PAR LE CONSEIL.	DÉCISIONS DU MINISTRE.
	Report.......	121,500 00	
3	Traitement fixe de quatre conducteurs chargés de la surveillance desdits travaux............................	6,000 00	Comme à l'article 2.
4	Entretien et réparations des ponts à bascule établis sur les routes départementales............................	4,300 00	Approuvé.
5	Salaires de vingt cantonniers à établir sur les routes départementales..................................	16,000 00	1,600 francs de plus qu'en 1829.
6	Frais de levée de plans, impressions et autres dépenses accidentelles imprévues pour le service des routes..........	5,200 00	Le compte de fin d'exercice justifiera de l'emploi de cette somme par détail.
7	Encouragement pour la repression des dépôts de fumiers et immondices sur les accotemens des routes départementales.	1,200 00	Cette somme ne pourra être employée qu'en vertu d'une autorisation du Ministre.
	TOTAL du Chapitre VII......	154,200 00	

CHAPITRE VIII.

DÉPENSES ORDINAIRES DES ENFANS-TROUVÉS ET ABANDONNÉS.

	Portion contributive du Département dans les dépenses de l'établissement des Enfans abandonnés évaluées pour 16,210 enfans à 1,675,500 fr. 00 c., ci............ 400,000 00		
	Somme allouée au présent Budget.............. 257,287 45	257,287 45	Approuvé.
	Restant de la contribution allouée au Budget facultatif.................................. 142,712 55		

CHAPITRE IX.

ENCOURAGEMENS ET SECOURS.

1	Pépinières départementales............................	» »	
2	Secours à d'anciens employés de la Préfecture............	709 00	Comme en 1829.
3	Société d'agriculture et encouragemens à l'agriculture ou à l'industrie, savoir :		
	Société d'agriculture ...... 4,000 00 *Id.* de médecine....... 300 00	4,300 00	Comme en 1829. — On observe que les dépenses de la société d'agriculture doivent seules être supportées par le Département.
4	Artistes vétérinaires................................	800 00	Comme en 1829.
	A reporter......	5,809 00	

ARTICLES DU BUDGET.	NATURE DES DÉPENSES.	SOMMES votées PAR LE CONSEIL.	DÉCISIONS DU MINISTRE.
	Report	5,809 00	
5	Indemnité pour la propagation ou la conservation de la vaccine. (*Voir* l'allocation portée pour cet objet au Budget facultatif).	» »	
6	Primes d'encouragement pour les chevaux, les taureaux, et frais de course de chevaux.	9,200 00	Comme en 1829. — Le Préfet rendra compte de l'emploi de cette somme.
7	Pensions d'élèves sage-femmes admises à suivre les cours d'accouchemens à l'Hôpital de la Maternité.	4,180 00	Approuvé.
8	Secours pour réparations d'églises communales, etc. (*Voir* l'allocation portée pour cet objet au Budget facultatif). . . .	» »	
9	Supplément de rations de vivres aux détenus pour dettes, reconnus dans l'indigence (1).	4,000 00	Le Préfet rendra compte de l'emploi de cette allocation.
10	Dépenses du cours d'accouchement dans le Département.	1,000 00	Approuvé.
11	Abonnement aux *Annales scientifiques et administratives de l'agriculture française* pour les comités et conseils consultatifs.	252 00	Approuvé.
12	Recherches de mines ou encouragemens à l'industrie.	5,000 00	Cette somme ne pourra être employée qu'en vertu d'une autorisation du Ministre.
13	Frais de visite des officines de pharmaciens et droguistes. . . .	1,400 00	Ces deux sommes ne pourront être employées qu'en vertu d'autorisations du Ministre.
14	Frais d'examen et de réception des candidats aux titres d'officiers de santé, etc.	1,000 00	
	Total du Chapitre IX.	31,841 00	

CHAPITRE X.

DETTE DÉPARTEMENTALE,

OU COMPLÉMENT DES DÉPENSES APPARTENANT AUX EXERCICES 1828 ET ANTÉRIEURS.

ARTICLES DU BUDGET.	NATURE DES DÉPENSES.	SOMMES votées PAR LE CONSEIL.	DÉCISIONS DU MINISTRE.
1	Arriéré de 1818. Travaux de couverture du bâtiment Lamoignon, attenant au Palais de Justice.	3,736 20	
2	—— de 1822. Solde d'appointemens dus au sieur Aubin, décédé surveillant à Saint-Denis.	(1) 23 33	
3	—— de 1824. Travaux de menuiserie faits en 1824 à la paneterie de Saint-Lazare.	740 92	
4	—— de 1826. Frais d'expertise de la valeur des bâtimens de Bicêtre, abandonnés aux hospices.	80 35	Approuvé.
5	—— de 1827. Fourniture d'alimens à des réclus transférés en 1827 au dépôt de mendicité de Villers-Cotterêts. . . . . 63 05 Frais de couchage de ces réclus. 11 85	(1) 74 90	
	Total du Chapitre X.	4,655 70	

(1) Ordonnancé par M. le Préfet de Police.

ARTICLES DU BUDGET.	NATURE DES DÉPENSES.	SOMMES votées PAR LE CONSEIL.	DÉCISIONS DU MINISTRE.
	CHAPITRE XI.		
	DÉPENSES DIVERSES ET DÉPENSES IMPRÉVUES.		
	§ 1er.		
	Dépenses diverses.		
	1°. Supplément de traitement du Secrétaire-général de la Préfecture	6,000 00	Comme en 1829 et années antérieures.
	2°. Supplément *id.* des Sous-Préfets de Sceaux et de Saint-Denis.	6,000 00	Approuvé. — Cette somme ne pourra recevoir sa destination qu'en vertu d'une autorisation qui sera donnée par ordonnance royale.
	3°. *id.* des cinq Conseillers de Préfecture	15,000 00	Comme en 1829 et années antérieures.
	4°. Moitié des frais de bureau des Ponts et Chaussées du Département.	10,000 00	*Idem.*
	5°. Indemnité au Receveur-général, pour la comptabilité des fonds spéciaux.	500 00	*Idem.*
	6°. Dépenses de la Morgue et inhumation des corps y déposés . .	2,500 00	*Idem.*
	7°. Frais relatifs au recrutement des jeunes soldats	1,200 00	*Idem.*
	8°. Frais de révision et d'affiches des listes des électeurs et jurés	34,200 00	Ces frais ne seront soldés qu'après réglement ministériel.
	9°. Frais d'impression des Budgets et Comptes du département, conformément à l'art. 6 de la loi du 17 août 1828	2,200 00	
	§ II.		
	Fonds de réserve pour dépenses accidentelles imprévues.	26,000 00	Le Préfet ne pourra imputer sur ce crédit sans autorisations préalables, que les dépenses déjà autorisées par décisions spéciales ou par l'instruction du 31 juillet 1829.
	TOTAL du Chapitre XI.	103,600 00	

ARTICLES DU BUDGET.	NATURE DES DÉPENSES.	SOMMES votées PAR LE CONSEIL.	DÉCISIONS DU MINISTRE.

RÉCAPITULATION
DES DÉPENSES.

CHAP. 1er. Hôtel de la Préfecture.........	14,000 00	
—— 2e. Prisons départementales........	787,204 00	
—— 3e. Mendicité....................	132,112 00	
—— 4e. Casernement de la Gendarmerie.	37,400 00	
—— 5e. Cours et Tribunaux...........	123,040 00	
—— 6e. Bâtimens....................	92,300 00	
—— 7e. Routes départementales........	154,200 00	
—— 8e. Enfans trouvés et abandonnés...	257,287 45	
—— 9e. Encouragemens et Secours......	31,841, 00	
—— 10e. Complément des Dépenses de l'Exercice 1826 et antérieurs....	4,655 70	
—— 11e. Dépenses diverses et Dépenses imprévues...................	103,600 00	
TOTAL GÉNÉRAL......	1,737,640 15	

ARTICLES DU BUDGET.	NATURE DES RECETTES.	SOMMES votées PAR LE CONSEIL.	DÉCISIONS DU MINISTRE.
	RECETTES.		
	FONDS A AFFECTER AU PAIEMENT DES DÉPENSES.		
	Produit des sept centimes et demi additionnels ordinaires....	839,490 15	
	Ressources éventuelles.		
	Produit d'expéditions d'actes de la Préfecture ou d'anciennes pièces déposées aux Archives.........................	250 00	
	Revenus particuliers des prisons départementales..........	50,000 00	
	Produits d'arbres abattus ou élagués sur les routes départementales	300 00	
	Loyers ou fermage des maison, terrains ou locaux appartenant au Département..................................	8,600 00	
	Vente de bâtimens, de matériaux, de démolitions, d'effets mobiliers ou autres objets provenant d'un établissement public départemental............................	12,000 00	
	Excédant du produit des droits d'examen et de réception des candidats qui se présentent devant le jury de médecine...	5,000 00	
	Portion des rétributions payées par les pharmaciens, les épiciers, les droguistes et herboristes, pour la visite de leurs établissemens....................................	1,400 00	
	Revenus particuliers du Dépôt de Mendicité.............	3,600 00	
	Produits d'amendes pour contraventions au réglement des carrières....................................	2,000 00	
	TOTAL général des Recettes......	922,640 15	
	REPORT du total général des Dépenses......	1,737,640 15	
	EXCÉDENT égal à la somme accordée par le Ministre sur le fonds commun des 5 centimes......	815,000 00	

Le Conseil Général du Département arrête le présent Budget, en Dépense, à la somme de un million sept cent trente-sept mille six cent quarante francs quinze centimes, et en Recette à pareille somme.

Signé au registre des délibérations du Conseil, en séance du 5 septembre 1829.

LEBEAU, *président;* BRETON, *secrétaire;* D'ALIGRE, AUDENET, BONNET, DE BOURGEON, DE CHATEAUGIRON, CRETTÉ DE PALLUEL, DUCHANOY, LEROY, DE LÉVIS-MIREPOIX, baron DE NANTEUIL, OUTREQUIN, QUATREMÈRE DE QUINCY, baron DE TOUROLLE, TRUDON et VIAL.

« Approuvé, conformément au résultat qui précède, les dépenses votées par le Conseil-Général
» du Département au présent Budget, sauf à se conformer aux observations et restrictions mises
» en regard, et sauf à ne faire verser dans la caisse du Receveur-général, au compte de produits
» divers applicables aux dépenses variables, les amendes de contravention aux réglemens des
» carrières, qui figurent à l'autre part pour 2,000 francs, qu'en vertu d'autorisation spéciale. »

Paris, le 19 décembre 1829.

LE MINISTRE SECRÉTAIRE D'ÉTAT DE L'INTÉRIEUR,

Signé, MONTBEL.

Budget Supplémentaire

OU

Report sur 1830

DES

Recettes et Dépenses comprises au Budget variable de 1828,

Et non consommées au 1ᵉʳ. Décembre 1829.

Recettes.

——

Les ordonnances de délégation détaillées au compte de 1828, montent à 1,969,796 fr. 95 c. ;

SAVOIR :

Pour les centimes ordinaires et le fonds commun de 1828,
à... 1,653,721 37

Pour les ressources extraordinaires de 1828, à............ 78,667 60   } 1,969,796 95

Pour le restant des centimes ordinaires de 1826, à....... 237,407 98

Le compte au 1er. décembre 1829, a constaté des dépenses effectuées
pendant 1828, pour un total de................... 1,929,267 98

Mais sur cette somme il reste à acquitter :

1°. Divers mandats non présentés au paiement, et montant à .... 522 00   }

2°. Diverses dépenses effectuées et non man-   6,153 71
datées par le Préfet, montant à.......... 5,631 71   }

RESTE en dépenses acquittées...... 1,923,114 27 | ci. 1,923,114 27

Différence des ordonnances avec les paiemens, à remettre
à la disposition du département, pour être employée
en 1830.......................................   (1)
46,682 68

———

(1) *Nota.* Les fonds constatés comme disponibles en fin du compte de 1828 sont de................... 46,849 18

et la somme portée ci-dessus n'est que de.. 46,682 68

Différence égale au complément des ressources extraordinaires de 1828 non ordonnancées, et que Son Ex. le Ministre de l'Intérieur a distrait du présent
budget... 166 50

CHAPITRES DU BUDGET.	NATURE DES DÉPENSES.	SOMMES ALLOUÉES				TOTAL.	DÉCISIONS DU MINISTRE.
		POUR DÉPENSES FAITES en 1828,		POUR DÉPENSES allouées en 1828, non exécutées.	POUR DÉPENSES de 1830 sur les fonds libres de 1828.		
		mandatées non acquittées.	non mandatées.				
	DÉPENSES.						
6	Acquisition de boutiques dépendant du palais de Justice, sur la façade du quai aux Fleurs...............	» »	» »	19,406 00	» »	19,406 00	Ces acquisitions ont été autorisées par ordonnances royales des 26 juillet 1826 et 11 avril 1827.
	Frais de nourriture et entretien des prisonniers.....................	» »	338 74		» »	831 94	
	Chauffage, éclairage et entretien du mobilier des prisons.............	» »	493 20		» »		Approuvé.
	Frais de nourriture et autres dépenses des réclus du Dépôt de Mendicité...	» »	123 07		» . »	217 87	
	Réparations locatives des bâtimens...	» »	94 80				
10	Solde de travaux pour le relevé à neuf des couvertures au bâtiment en aile droite de la caserne de gendarmerie à Paris.......................	» »	1,117 91	» »	» »	(1) 1,117 91	(1) Ces sommes ne pourront être mandatées qu'après que le Ministre aura statué sur les déficits que présentent les crédits alloués aux chap. 4 et 6 du compte variable de 1828.
	Fourniture et pose de deux poutres dans les localités occupées au palais de Justice par le Tribunal de Première Instance..................	522 00	» »	» »	» »	522 00	Approuvé.
	Travaux de poêlerie au parquet du procureur du roi près le Tribunal de Première Instance..............	» »	236 00		» »	860 00	Approuvé.
	Travaux divers à une boutique dépendant du palais de Justice..........	» »	624 00		» »		
	Solde de travaux pour la construction d'une fosse d'aisance aux Madelonnettes..........................	» »	2,603 99	» »	» »	(1) 2,603 99	
11	Fonds de réserve pour dépenses accidentelles imprévues..............	» »	» »	» »	21,122 97	(2) 21,122 97	(2) Approuvé. Le Préfet ne pourra imputer, sans autorisation préalable, sur la somme de 21,122 f. 97 c. que les dépenses déjà autorisées par des décisions spéciales ou par l'instruction du 31 juillet 1829.
	TOTAL...........	522 00	5,631 71	19,406 00	21,122 97	46,682 68	

RÉCAPITULATION

OU

Distribution du Total porté à l'autre part entre les divers chapitres du Budget variable de 1830.

CHAPITRES DU BUDGET.	RÉCAPITULATION PAR CHAPITRE des fonds de 1828, reportés SUR LE BUDGET DE 1830.	RÉCAPITULATION du BUDGET DE 1830.	TOTAL.
Chap. 1er. Hôtel de la Préfecture..............	» »	14,000 00	14,000 00
2. Prisons départementales............	» »	787,204 00	787,204 00
3. Mendicité.......................	» »	132,112 00	132,112 00
4. Casernement de la gendarmerie......	» »	57,400 00	57,400 00
5. Cours et tribunaux	» »	123,040 00	123,040 00
6. Bâtimens civils....................	19,406 00	92,300 00	111,706 00
7. Routes départementales	» »	154,200 00	154,200 00
8. Enfans-Trouvés...................	» »	257,287 45	257,287 45
9. Encouragemens et secours..........	» »	31,841 00	31,841 00
10. Dettes des exercices antérieurs.......	6,153 71	4,655 70	10,809 41
11. Dépenses diverses ou imprévues	21,122 97	103,600 00	124,722 97
TOTAL GÉNÉRAL............	46,682 68	1,737,640 15	1,784,322 83

Certifié conforme au compte rendu, au budget voté par le Conseil Général, et aux approbations du Ministre.

Paris, le 20 janvier 1830.

Le Préfet du département de la Seine,

Signé CHABROL.

Approuvé, conformément au résultat ci-dessus, les dépenses comprises au présent budget de report, sauf à se conformer aux observations mises en regard.

Paris, le 27 mars 1830.

Le Ministre Secrétaire d'État de l'Intérieur,

Signé MONTBEL.

BUDGET

DES

Dépenses Facultatives et Extraordinaires

D'UTILITÉ DÉPARTEMENTALE,

IMPUTABLES

Sur les 5 centimes facultatifs votés par le Conseil-Général, en vertu de la loi des finances de 1830, et sur les 4 centimes extraordinaires imposés conformément aux lois du 9 mai 1827 et du 28 juin 1829.

Exercice 1830.

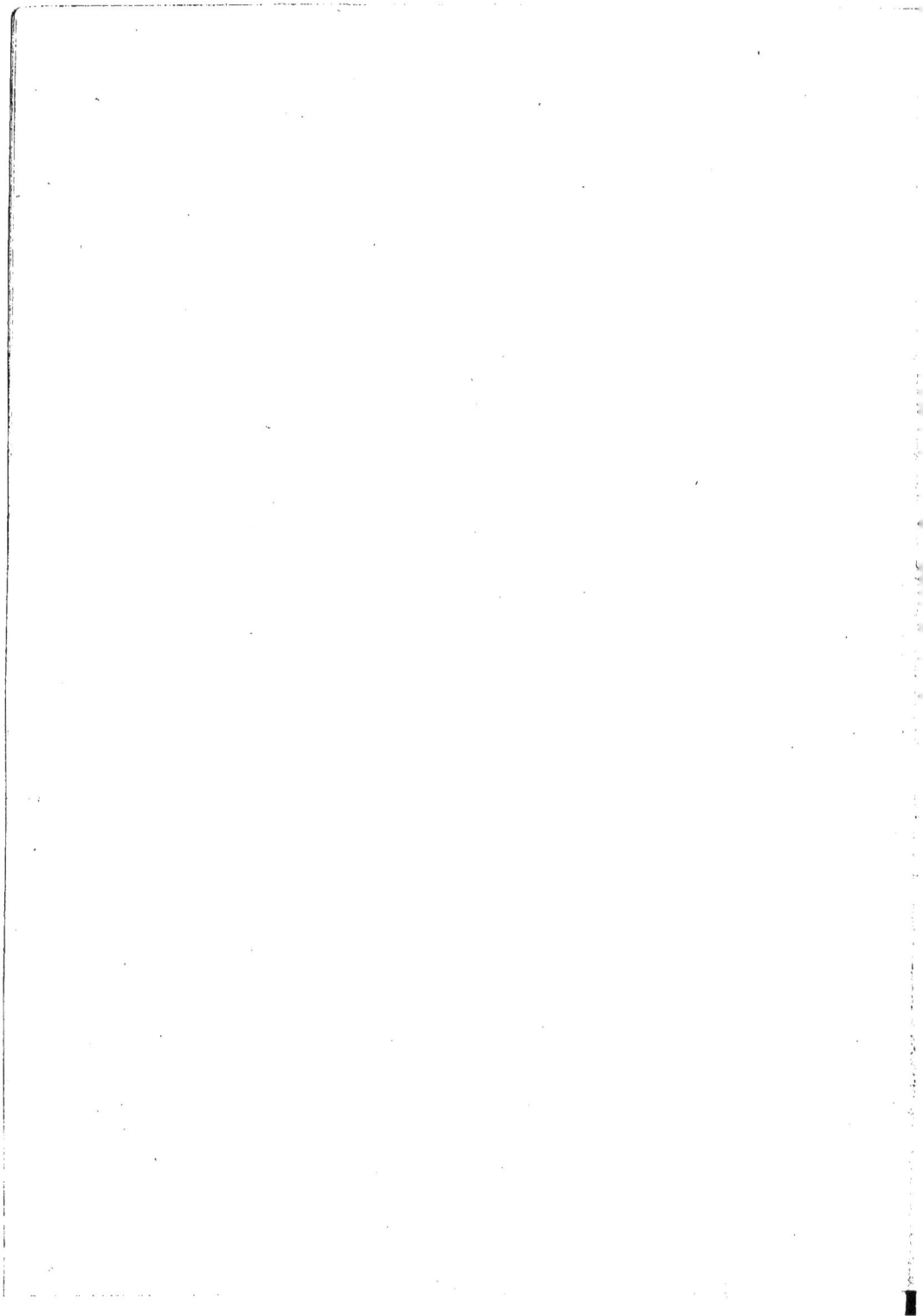

ARTICLES DU BUDGET.	NATURE DES DÉPENSES.	SOMMES votées PAR LE CONSEIL.	DÉCISIONS DU MINISTRE.
	# DÉPENSES.		
	TITRE PREMIER. Cinq Centimes facultatifs. *Loi du 2 août 1829.*		
	CHAPITRE PREMIER.		
	CLERGÉ ET ÉDIFICES DIOCÉSAINS.		
1	Indemnité à M. l'archevêque de Paris......................	20,000 00	Alloué pour 1830, comme pour les années précédentes, à titre de subvention temporaire.
2	Indemnité à MM. les trois vicaires-généraux, à 2,000 fr......	6,000 00	Alloué également pour 1830, comme pour les
3	Indemnité à MM. les seize chanoines, à 1,600 fr.............	25,600 00	années précédentes, à titre de subventions temporaires.
	TOTAL du Chapitre Ier....	51,600 00	
	CHAPITRE II.		
	TRAVAUX AUX ÉDIFICES DU DÉPARTEMENT, ACQUISITIONS, etc.		
1	Sous-Préfectures :		
	1°. Reconstructions à la Sous-Préfecture de Saint-Denis....	» »	
	2°. Quatrième à-compte sur le fonds voté en 1827 pour travaux d'agrandissement de la maison servant d'hôtel à la Sous-Préfecture de Sceaux......................	4,200 00	
2	Palais de Justice :		
	1°. Contingent du Département dans les frais de relevé à neuf d'un quinzième des couvertures du Palais de Justice, évalué à 4,000 fr. dont les 36/100 sont à la charge du Tribunal de première instance......................	1,500 00	
	A reporter......	5,700 00	

ARTICLES DU BUDGET.	NATURE DES DÉPENSES.	SOMMES votées PAR LE CONSEIL.	DÉCISIONS DU MINISTRE.
	Report......	5,700 00	
	2°. Frais d'agrandissement des localités affectées au service du Tribunal de première instance, quatrième à-compte..	36,000 00	Le paiement du prix des acquisitions est subordonné à l'approbation de ces acquisitions par ordonnances royales. Les sommes qui seraient prélevées sur le crédit ci-contre pour travaux devront être employées conformément aux projets ou devis approuvés ou à approuver par le Ministre.
	3°. Restauration des peintures du plafond de la salle d'audience de la Cour d'assises	2,600 00	
	4°. Travaux d'agrandissement du local servant de bibliothèque au Tribunal de première instance............	*Néant.*	
	5°. Travaux exécutés d'urgence, en 1829, pour le rétablissement du bâtiment occupé par la quatrième Chambre du Tribunal de première instance......................	13,000 00	
	6°. Agrandissement des localités occupées par le Tribunal de police municipale, et établissement d'un cabinet pour le commissaire de police faisant fonctions de ministère public près ce Tribunal	2,510 00	
	7°. Contingent du Département dans les frais de restauration du dallage de la galerie des prisonniers et de celle Mercière, pour 36/100...........................	1,800 00	
	8°. *Idem* dans l'indemnité de 500 fr. allouée à l'architecte-inspecteur général des travaux exécutés au Palais de Justice, pour 36/100.................................	180 00	
3	Tribunal de commerce :		
	Formation d'une bibliothèque pour le Tribunal de commerce..	*Mémoire.*	
4	Grosses réparations aux anciens bâtimens des prisons départementales :		
	1°. Relevé à neuf d'un cinquantième des couvertures de ces bâtimens..............................	8,600 00	
	2°. Travaux divers à Saint-Lazare	10,000 00	
	3°. *Idem* à Sainte-Pélagie...................	15,400 00	
	4°. *Idem* aux Madelonnettes..................	12,000 00	
	5°. Travaux divers à Bicêtre....................	5,000 00	Alloué 5,000 fr.
5	Restauration générale des prisons :		(1) Ces 109,527 fr. 60 c. ne pourront être employés qu'en vertu d'une autorisation du ministre. Une ordonnance royale devra intervenir au sujet de la cession de la prison de Bicêtre à l'Administration des hospices, et de la cession par cette Administration au Département du terrain de la Roquette. Le projet ou devis de la construction de la nouvelle maison de correction des femmes, devra être soumis à l'approbation du Ministre.
	A valoir sur les frais d'établissement de la maison de correction des femmes....................................	(¹) 109,527 60	
6	Acquisition d'une maison à Rungis pour servir de caserne de gendarmerie.....................................	(²) 5,400 00	
	TOTAL du Chapitre II.........	227,717 60	(2) Le paiement du prix d'achat est subordonné à l'approbation par ordonnance royale.

ARTICLES DU BUDGET.	NATURE DES DÉPENSES.	SOMMES votées PAR LE CONSEIL.	DÉCISIONS DU MINISTRE.
	CHAPITRE III.		
	TRAVAUX EXTRAORDINAIRES DES ROUTES DÉPARTEMENTALES.		
Unique.	Entretien et renouvellement des plantations aux abords des routes départementales..............................	6,000 00	
	(Voir au Budget des dépenses variables, chapitre 7, les dépenses d'entretien ordinaire des routes, et au titre 3 du présent Budget, les frais d'amélioration et de perfectionnement de ces routes.)		
	TOTAL du Chapitre III..........	6,000 00	
	CHAPITRE IV.		
	SECOURS AUX COMMUNES POUR TRAVAUX NEUFS ET RÉPARATIONS.		
1	Cinquième à-compte sur la contribution de 70,200 fr. votée pour les dépenses de construction des églises de Villejuif et de Neuilly..	10,400 00	
2	Solde de la contribution du département dans les dépenses de restauration du clocher de l'église de Nogent-sur-Marne, pour lesquelles un premier crédit de 3,200 fr. avait été alloué en 1829, ci..................................	3,200 00	Alloué 3,200 fr.
3	Deuxième cinquième d'une contribution de 20,000 fr. dans les dépenses de restauration du presbytère et de l'agrandissement de l'église de Passy............................	4,000 00	
4	Premier sixième d'une contribution de 40,000 fr. dans les dépenses d'agrandissement de l'église de Vincennes.......	6,666 00	
5	Solde d'une contribution de 4,000 fr. dans l'acquisition et l'établissement d'un presbytère à Rosny, pour laquelle 2,000 f. ont été alloués au Budget facultatif de 1829.............	2,000 00	
6	Contribution de 30,000 fr. dans les dépenses de restauration de l'église de Fontenay-aux-Roses.....................	*Néant.*	
7	*Idem* dans les dépenses d'agrandissement de l'église de la ville de Saint-Denis..	5,000 00	
8	Restauration, achat ou exécution d'objets d'art servant à la décoration des églises des communes rurales.............	6,000 00	Le compte de fin d'exercice justifiera de l'emploi de ces 6,000 fr. par détail.
	TOTAL du Chapitre IV........	37,266 00	

ARTICLES DU BUDGET.	NATURE DES DÉPENSES.	SOMMES votées PAR LE CONSEIL.	DÉCISIONS DU MINISTRE.
	CHAPITRE V.		
	ATELIERS DE CHARITÉ.		
Unique.	Fonds de réserve pour ateliers de charité afin d'occuper la classe indigente des communes rurales pendant l'hiver....	3,000 00	Alloué pour être exclusivement employé aux travaux de charité, à l'effet de donner de l'occupation à la classe indigente dans les localités où elle en manquerait.
	TOTAL du Chapitre V........	3,000 00	
	CHAPITRE VI.		
	ENFANS ABANDONNÉS.		
Unique.	Contingent du Dépt. dans les dépenses des enfans abandonnés, ce contingent a été fixé au minimum de 400,000 fr. 00 c.		
	Alloué au Budget variable............ 257,287 45		
	Reste à fournir par le présent Budget... 142,712 55	142,712 55	Alloué 142,712 fr. 55 c.
	TOTAL du Chapitre VI........	142,712 55	
	CHAPITRE VII.		
	INSTRUCTION PRIMAIRE.		
1	Frais d'assemblée des comités cantonnaux établis dans les communes rurales du département......................	800 00	Alloué à titre de subvention, à l'effet de secourir les communes en ce qui concerne cette dépense.
2	Encouragemens aux instituteurs et institutrices dans les mêmes communes..	3,200 00	Cette somme ne pourra être employée qu'en vertu d'une autorisation du Ministre.
	TOTAL du Chapitre VII........	4,000 00	

ARTICLES DU BUDGET.	NATURE DES DÉPENSES.	SOMMES votées PAR LE CONSEIL.	DÉCISIONS DU MINISTRE.
	CHAPITRE VIII.		
	SECOURS ET ENCOURAGEMENS.		
1	Secours à la maison de réfuge des jeunes prisonniers	6,000 00	
2	*Idem* à la maison du Bon-Pasteur pour les jeunes prisonnières.	4,000 00	
3	Communauté des Dames de la Madelaine :		
	Avance d'un fonds de 10,000 fr. destiné à l'agrandissement de la maison où sont renfermées les jeunes filles détenues par voie de correction paternelle, ladite avance remboursable par la communauté, ci............ 10,000 fr. » c.		
	Alloué au Budget de 1829.......... 5,000 »		
	Reste à fournir par le présent Budget.... 5,000 »	5,000 00	Alloué conformément à la décision du 2 mars 1829 à titre d'avance.
4	Encouragement pour la propagation de la vaccine à Paris et dans les communes rurales	6,000 00	
	TOTAL du Chapitre VIII........	21,000 00	
	CHAPITRE IX.		
	DÉPENSES DIVERSES.		
1	Fonds de retraite des employés de la Préfecture (1)........	» »	
2	Indemnité annuelle aux cinq conseillers de Préfecture.......	15,000 00	
3	Frais de recensement de la population du Département	40,000 00	
4	Frais d'impression du quatrième volume des Recherches sur la statistique du Département, évalués à....... 14,000 fr. » c.		
	Alloué au Budget de la ville de Paris .... 10,000 »		
	A la charge du Département ...... 4,000 »	4,000 00	
	TOTAL du Chapitre IX........	59,000 00	

(1) Voir au Budget de Paris, Chapitre 24.

ARTICLES DU BUDGET.	NATURE DES DÉPENSES.	SOMMES votées PAR LE CONSEIL.	DÉCISIONS DU MINISTRE.
	TITRE DEUXIÈME.		
	IMPOT DE DEUX CENTIMES AFFECTÉ PAR LA LOI DU 28 JUIN 1829 A LA RESTAURATION GÉNÉRALE DES PRISONS.		
1	Travaux d'agrandissement de Saint-Lazare :		
	Dépenses de toute nature évaluées à.... 1,422,069 fr. 30 c.		
	Sommes allouées dans les Budgets des années précédentes, tant sur le fonds de subvention accordé au Budget de la ville de Paris pour les travaux extraordinaires des prisons que sur les centimes départementaux, de 1825 à 1829.. 1,253,403 09		
	Reste à créditer 168,666 21	*Mémoire.*	
	(Voir l'allocation de cette somme au Budget de report de 1830 ci-après.)		
2	Travaux d'agrandissement de Sainte-Pélagie :		
	Dépenses de toute nature évaluées à...... 787,257 fr. 25 c.		
	Alloué dans les Budgets précédens, tant sur le fonds de subvention fourni par la ville de Paris , que sur les centimes départementaux, de 1824 à 1829............. 787,257 25		
	Balance...... » »	*Mémoire.*	
3	Construction du nouveau dépôt près la Préfecture de Police :		
	Dépenses de toute nature évaluées à...... 329,119 fr. 26 c.		
	Alloué dans les Budgets précédens, tant sur le fonds de subvention de la ville de Paris que sur les centimes départementaux, de 1824 à 1829...................... 329,119 26		
	Balance....... » »	*Mémoire.*	
	A reporter......	*Mémoire.*	

ARTICLES DU BUDGET.	NATURE DES DÉPENSES.	SOMMES votées PAR LE CONSEIL.	DÉCISIONS DU MINISTRE.
	Report.	*Mémoire.*	
4	Restauration de la Maison de Justice ou Conciergerie :		
	Dépenses de toute nature évaluées à..... 348,350 fr. 83 c.		
	Alloué dans les précédens Budgets, tant sur le fonds de subvention de la ville de Paris que sur les centimes départementaux, de 1827 à 1829...................... 348,350 83		
	Balance....... » »	*Mémoire.*	
5	Restauration de la Force :		
	Dépenses de toute nature évaluées à..... 1,672,500 f. 00 c.		
	Alloué dans le Budget de 1829, tant sur le fonds de subvention de la ville de Paris que sur les centimes départementaux . . 78,600 36		
	Somme à créditer 1,593,899 64		
	Sur quoi il est accordé au présent Budget............... (Voir, en outre, les allocations portées au Budget de report de 1830.)	76,299 89	Cette somme devra être employée conformément aux projets ou devis approuvés ou à approuver par le Ministre ; et les acquisitions ne pourront avoir lieu qu'en vertu d'une ordonnance du Roi.
6	Restauration des Madelonnettes	*Mémoire.*	
7	Construction de la maison de correction des femmes :		
	Dépenses de toute nature évaluées à..... 2,900,887 fr. 53 c.		
	Alloué dans les Budgets précédens, tant sur la subvention fournie par la ville de Paris que sur les centimes départementaux, de 1826 à 1829............... 979,758 39		
	Somme à créditer 1,921,129 14		
	Sur quoi il est accordé par le présent Budget............. (Voir, en outre, l'allocation ouverte au Budget de report de 1830 ; une autre allocation de 57,035 fr. 28 c. sera aussi imputée sur le fonds de subvention accordé au Budget de Paris de 1830.)	20,000 00	Cette somme devra être employée conformément aux projets ou devis approuvés ou à approuver par le Ministre.
	A reporter......	96,299 89	

ARTICLES DU BUDGET.	NATURE DES DÉPENSES.	SOMMES votées PAR LE CONSEIL.	DÉCISIONS DU MINISTRE.
	Report	96,299 89	
8	Établissement d'une prison de la dette :		
	Dépenses de toute nature évaluées à .... 1,164,762 fr. 17 c.		
	Alloué dans les Budgets précédens, tant sur la subvention de la ville de Paris que sur les centimes départementaux, de 1826 à 1829 .... 418,707 01		
	Reste à créditer 746,055 16	*Mémoire.*	
	(Voir l'allocation de 249,510 fr. 41 c. ouverte au Budget de report de 1830, et celle de 112,964 fr. 72 c. imputée sur le fonds de subvention accordé au Budget de Paris pour 1830.)		
9	Maison de correction des jeunes garçons..................	*Mémoire.*	
10	Construction d'un nouveau Bicêtre :		
	Dépenses de toute nature évaluées à ..... 1,470,000 fr. » c.		
	Alloué au Budget de 1829, tant sur le fonds de subvention de la ville de Paris que sur les centimes départementaux .. (1) *Mémoire.*		
	Somme à créditer .... 1,470,000 »		
	Accordé par le présent Budget	190,000 00	Cette somme devra être employée conformément aux projets ou devis approuvés ou à approuver par le Ministre.
	(Voir, en outre, l'allocation de 130,000 fr. imputée sur le fonds de subvention accordé au Budget de Paris pour 1830.)		On soumettra en outre à sa décision la stipulation relative aux intérêts à accorder à l'adjudicataire.
11	Restauration de la maison de répression de Saint-Denis :		L'acquisition du terrain sur lequel on se propose de construire une nouvelle prison de Bicêtre,
	Pour travaux d'urgence	5,000 00	ne pourra avoir lieu qu'en vertu d'une ordonnance royale.
12	Restauration du dépôt de mendicité situé à Villers-Cotterets :		
	Pour travaux d'urgence...........................	10,000 00	
13	Fonds de réserve pour subvenir aux besoins imprévus et urgens des prisons, en 1830..............................	35,318 56	On portera au compte de fin d'exercice le détail de l'emploi de cette somme, qui ne pourra être affectée qu'à des travaux dont les projets ou devis auront été approuvés.
	TOTAL	336,618 54	
	Égal au produit de 2 centimes sur les contributions foncière, personnelle et des patentes.		

() *Nota.* Il avait été alloué, au Budget variable de 1829, 350,000 fr. qui, n'ayant pas été réalisés, ne peuvent être portés en compte.

ARTICLES DU BUDGET.	NATURE DES DÉPENSES.	SOMMES votées PAR LE CONSEIL.	DÉCISIONS DU MINISTRE.
	TITRE TROISIÈME. IMPOT DE DEUX CENTIMES AFFECTÉS PAR LA LOI DU 9 MAI 1827 à la restauration générale des routes départementales.		
	§ 1er. *Pavages à neuf.*		
1	Route n°. 23, de Bondy à Charenton : Convertissement de la chaussée de blocage en pavé, évalué à.................................... 57,000 » Alloué au Budget de 1828.................. 7,000 » Il reste à pourvoir à.................. 50,000 » Sur quoi il est alloué au présent Budget.............	20,000 00	Le Préfet se conformera, quant aux travaux d'art, ou aux travaux neufs à exécuter aux communications départementales, à l'art. 2 de l'ordonnance royale du 8 août 1821.
2	Route n°. 26, de Paris à Noisy, par Belleville et Romainville : Convertissement de la chaussée de blocage en pavé, évalué à.................................... 45,000 » Alloué au Budget de 1828................. 22,000 » Il reste à pourvoir à.................. 23,000 » Sur quoi il est alloué au présent Budget.............	20,000 00	
3	Route n°. 51, de Paris à Vitry, par Choisy : Convertissement de la chaussée de cailloutis en pavé, évalué à.................................... 132,000 » Sur quoi il est accordé au présent Budget.............	30,000 00	
4	Route n°. 54, de Paris à Versailles, par Châtillon : Pavage à neuf et élargissement de la chaussée, évalués à.................................... 133,000 » Alloué dans les Budgets de 1826 à 1829....... 73,000 » Il reste à pourvoir à.................. 60,000 » Sur quoi il est alloué par le présent Budget.............	15,000 00	
6	Route n°. 71, de Fresnes à la Route royale n°. 186 : Pavage d'une partie de la chaussée dans la traverse de Fresnes, évalué à......................... 5,000 » Sur quoi il est alloué au présent Budget.............	2,000 00	
	A reporter......	87,000 00	

ARTICLES DU BUDGET.	NATURE DES DÉPENSES.	SOMMES votées PAR LE CONSEIL.	DÉCISIONS DU MINISTRE.
	Report......	87,000 00	
	§. 2.		
	Travaux d'amélioration et d'assainissement.		
1	Route nº. 15, de Paris à Montmartre, par la barrière Blanche : Établissement de caniveaux pavés pour l'écoulement des eaux, dépense évaluée à.................... 7,500 » Contrib. offerte par deux propriétaires riverains.. 1,000 » Reste à la charge du département........ 6,500 »	6,500 00	
2	Route nº. 27, chaussée de Ménilmontant : Établissement de caniveaux en pavés de rebut pour écoulement des eaux, évalué à.................... 3,500 »	3,500 00	
3	Route nº. 40, de Pantin à Charonne, par le Pré-Saint-Gervais et Belleville : Amélioration d'une partie de la chaussée autour du parc Saint-Fargeau...............................	5,000 00	
	§ 3.		
	Constructions neuves.		
1	Route nº. 21, embranchement d'Aubervilliers : Prolongement de cette route de la Route royale nº. 2 à Pantin et à la Route Royale nº. 3 ; construction de la partie de cette route d'Aubervilliers à la Cour-Neuve ; assainissement de la traverse d'Aubervilliers : travaux évalués à.................................... 63,000 » Sur quoi il est alloué au présent Budget.............	24,000 00	
2	Route nº. 33, de Paris à Argenteuil, par Asnières : Reconstruction de cette route, évaluée à...... 200,800 » Alloué aux Budgets de 1828 et 1829.......... 170,000 » Il reste à pourvoir à.................. 30,800 » Sur quoi il est alloué au présent Budget................	25,000 00	
3	Route nº. 50, rue de Valdonne, dans Charenton-Saint-Maurice : Travaux de pavage et constructions en cailloutis pour le prolongement de cette route jusqu'à Saint-Maur, évalués à.................... 52,000 » Sur quoi il est alloué au présent Budget..................	25,000 00	
	A reporter......	176,000 00	

ARTICLES DU BUDGET.	NATURE DES DÉPENSES.	SOMMES votées PAR LE CONSEIL.	DÉCISIONS DU MINISTRE.
	Report......	176,000 00	
4	Route n°. 63 , de Saint-Maur au bac de Créteil : Construction d'une partie de cette route près le bac de Créteil , évaluée à............................. 7,000 » Alloué au Budget de 1828.................... 3,000 »		
	Reste à fournir par le présent Budget....... 4,000 »	4,000 00	
5	Route n°. 64 , de Paris au Port-à-l'Anglais : Élargissement de la partie de cette route réservée pour le service de la navigation, évalué à.......... 20,000 »	20,000 00	
6	Route n°. 72, de Châtenay à la Route royale n°. 186 : Construction de la chaussée de cette route entre Sceaux et Châtenay, évalué à......................... 24,000 » Sur quoi il est alloué au présent Budget.................	12,000 00	
	§ 4. *Changemens de directions.*		
1	Route n°. 20, du Bourget à Garges, par Dugny : Direction nouvelle à donner à cette route dans la traverse de Dugny, travaux évalués d'abord à 11,000 fr. , et qui ont été reconnus devoir s'élever à........... 19,000 » Alloué au Budget de 1829.................... 11,000 »		
	Reste à fournir par le présent Budget...... 8,000 »	8,000 00	Ces deux sommes ne pourront être employées qu'après que les changemens de directions des routes désignées ci-contre auront été autorisés.
2	Route n°. 52, de Paris à Ivry : Direction à donner à cette route sur la route départementale n°. 64 ; travaux de construction évalués à... 20,000 » Sur quoi il est accordé au présent Budget..............	10,000 00	
	§ 5. *Routes nouvelles à ouvrir.*		
1	Établissement d'une communication entre Villemomble et Noisy-le-Sec, évalué à..................... 100,000 » Contribution offerte par ces deux communes... 25,000 »		
	Reste à la charge du Département...... 75,000 »		
	Sur quoi il est alloué au présent Budget.................	25,000 00	
2	Établissement d'une communication entre les routes royales n°. 20 et 186, par Antony, évalué à........ 31,000 » Alloué au Budget de 1829.................... 5,000 »		Ces deux sommes ne devront être employées à leur destination qu'après que les chemins dont il s'agit auront été classés par des ordonnances royales.
	Il reste à pourvoir à. .... 26,000 »		
	Sur quoi il est accordé au présent Budget..............	20,000 00	
	A reporter......	275,000 00	

ARTICLES DU BUDGET.	NATURE DES DEPENSES.	SOMMES votées PAR LE CONSEIL.	DÉCISIONS DU MINISTRE.
	Report......	275,000 00	
	§ 6.		
	Réparations extraordinaires aux routes.		
	N°. 9, de Neuilly à Maisons, par Bezons....................	5,800 00	
	N°. 29, d'Auteuil à la route royale n°. 10....................	2,500 00	
	N°. 13, de Paris à Saint-Ouen........................	7,000 00	
	N°. 23, de Bondy à Charenton par Noisy....................	7,200 00	
	N°. 41, de Paris à Gagny, par Montreuil..................	9,700 00	
	N°. 42, de Paris à Provins, par Saint-Maur...............	12,800 00	
	§ 7.		
	Fonds de réserve.		
	Fonds mis en réserve pour dépenses accidentelles ou travaux d'urgence, et pour accroissement des ressources, destinés à des travaux de routes non encore déterminés............	42,216 45 (1)	(1) Pour établir une balance entre le produit des deux centimes extraordinaires à percevoir d'après la loi du 9 mai 1827 et le montant des allocations, on élève à 42,216 fr. 45 c. de fonds de réserve qui n'avait été voté par le Conseil-Général que pour une somme de 40,500 fr. Le détail de l'emploi de ce crédit, par route, sera porté au compte de fin d'exercice.
	TOTAL..........	362,216 45	
	Egal au produit de 2 centimes additionnels au principal des quatre contributions directes.		

RÉCAPITULATION
DES DÉPENSES.

TITRE PREMIER.

CHAP. 1. Clergé et édifices diocésains..................	51,600 00	
— 2. Travaux aux édifices départementaux..........	227,717 60	
— 3. Travaux des routes départementales...........	6,000 00	
— 4. Secours aux communes......................	37,266 00	
— 5. Ateliers de charité..........................	3,000 00	
— 6. Enfans abandonnés........................	142,712 55	
— 7. Instruction primaire........................	4,000 00	
— 8. Secours et Encouragemens..................	21,000 00	
— 9. Dépenses diverses	59,000 00	
TOTAL du Titre Ier..................	552,296 15	Equivalent à 5 cent. sur les quatre contributions.
TITRE 2. Restauration générale des prisons...............	336,618 45	Id. à 2 cent. sur les contributions foncière, personnelle et mobilière, et des patentes.
TITRE 3. Restauration des Routes départementales..........	362,216 45	Id. à 2 cent. sur les quatre contributions.
TOTAL des Dépenses extraordinaires et facultatives.....	1,251,131 05	

Le Conseil général

Le Conseil-Général du département de la Seine arrête le présent Budget en Dépense, à la somme de *un million deux cent cinquante-un mille cent trente-un francs cinq centimes*, à laquelle il sera pourvu : 1°. par le produit de cinq centimes facultatifs additionnels au principal des contributions foncière, personnelle et mobilière, dont il vote l'impôt en vertu de l'article 8 de la loi des finances du 2 août 1829; 2°. par le produit des quatre centimes extraordinaires additionnels, imposés conformément aux votes du Conseil-Général, approuvés par les lois des 9 mai 1827 et 28 juin 1829.

Signé au registre des délibérations, en séance du 5 septembre 1829 :

LEBEAU, *président;* BRETON, *secrétaire;* AUDENET, BONNET, DE BOURGEON, DE CHATEAU-GIRON, CRETTÉ DE PALLUEL, DUCHANOY, LEROY, DE LÉVIS-MIREPOIX, baron DE NANTEUIL, OUTREQUIN, DE PASTORET, QUATREMÈRE DE QUINCY, TRIPIER, TRUDON, baron DEVAUX, et VIAL.

Le Ministre de l'Intérieur,

« Vu 1°. l'article 8 de la loi du 2 août 1829 (Budget des Recettes), et l'ordonnance du Roi du » 22 novembre suivant, qui approuve l'imposition de cinq centimes facultatifs votée par le Conseil-» Général du Département, pour l'exercice 1830;

» 2°. La loi du 9 mai 1827, qui autorise l'imposition extraordinaire de deux centimes pendant la » même année, pour l'achèvement et la restauration des routes départementales;

» Et 3°. une autre loi du 28 juin 1829, qui autorise également l'imposition extraordinaire de » deux centimes, aussi pendant la même année, pour la restauration générale des prisons,

» Alloue les Dépenses portées au présent Budget, sauf à se conformer aux observations et res-» trictions mises en regard.

» *Paris, le* 19 *décembre* 1829. »

Signé MONTBEL.

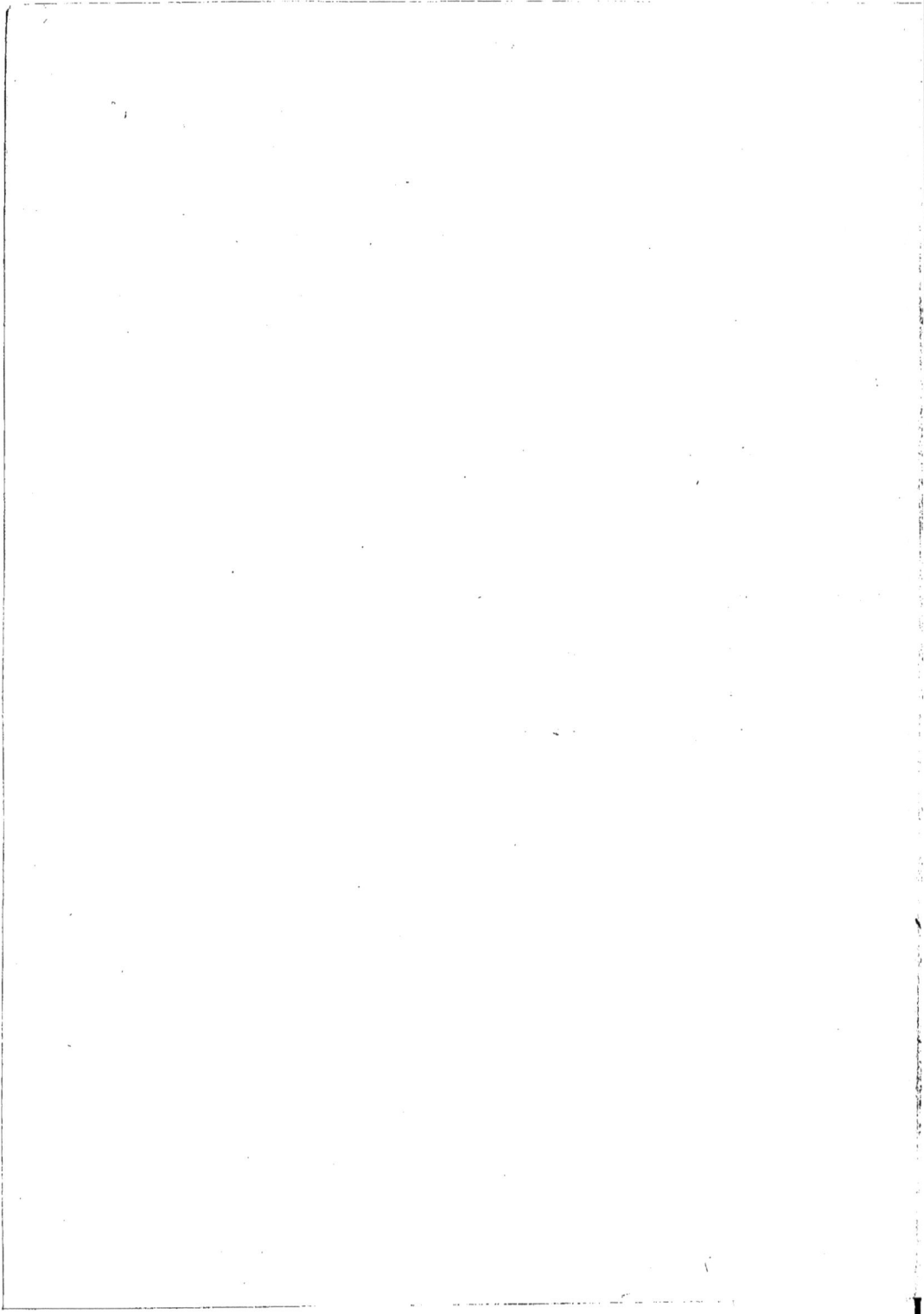

Budget Supplémentaire

OU

Report sur 1830

DES

Recettes et Dépenses comprises au Budget facultatif et extraordinaire de 1828,

ET NON CONSOMMÉES AU 1er. DÉCEMBRE 1829.

Recettes.

Les ordonnances de délégation détaillées au compte de 1828 montent à 1,729,665 fr. 95 c. ;

SAVOIR :

Pour les centimes facultatifs et extraordinaires de 1828, à..	1,133,806	58
Pour le restant des centimes de 1826, à................	595,859	37

1,729,665 95

Le compte au 1er. décembre 1829 a constaté des dépenses effectuées pendant 1828, pour un total de..................... 1,119,184 39

Mais sur cette somme il reste à acquitter :

1°. Divers mandats non présentés au paiement et montant à.................... 12,836 73

2°. Diverses dépenses effectuées et non mandatées par le Préfet, montant à........ 67,478 73

80,315 46

Reste en dépenses acquittées...... 1,038,868 93   *ci* 1,038,868 93

Différence des ordonnances avec les paiemens à remettre à la disposition du département pour être employée en 1830.. 690,797 02

A quoi il y a lieu d'ajouter, pour complément de recettes recouvrées et non ordonnancées en 1828, sur les centimes facultatifs et extraordinaires 5,810 54

TOTAL à reporter sur 1830.......... 696,607 56

BUDGET DE 1830.		NATURE DES DÉPENSES.	SOMMES ALLOUÉES					DÉCISIONS DU MINISTRE.
TITRES.	CHAPITRES.		POUR DÉPENSES FAITES en 1828,		POUR DÉPENSES allouées en 1828, non exécutées.	POUR DÉPENSES de 1830 sur fonds libres de 1828.	TOTAL.	
			mandatées non acquittées.	non mandatées.				

DÉPENSES.

		NATURE DES DÉPENSES.						DÉCISIONS
1er.	2	Solde de travaux exécutés en 1826 au Palais de Justice, pour la restauration d'un bâtiment neuf sur le quai de l'Horloge	12,564 92 (1)	» »	» »	» »	12,564 92	(1) Alloué d'après la décision du 21 avril 1828.
	2	Agrandissement des localités du Tribunal de 1re. instance au Palais de Justice	» »	» »	8,267 43 (2)	» »	8,267 43	(2) Les sommes allouées ci-contre doivent être employées conformément aux projets ou devis approuvés ou à approuver par le Ministre.
	2	Construction de la maison de correction des femmes	» »	» »	27,700 26 (2)	» »	27,700 26	
	2	Idem de la prison de la Dette.......	» »	» »	99,301 70 (2)	» »	99,301 70	
	2	Solde du prix d'acquisition d'une maison servant de caserne à la brigade de gendarmerie à Neuilly............	» »	5,250 00 (3)	» »	» »	5,250 00	(3) Alloué d'après l'ordonnance royale du 11 juin 1826.
	3 2o.	Prix principal d'un terrain acquis pour l'établissement d'une digue sur la rive gauche de la Seine, à Colombes.....	2 81	» »	» »	» »	2 81	
	9	Frais de levée de plans des rues et chemins vicinaux dans les communes rurales	» »	» »	9,239 97	» »	9,239 97	
	1er.	Restauration de la prison de St-Lazare.	» »	» »	187,999 19 (2)	» »	187,999 19	
	1er.	Solde de travaux de maçonnerie exécutés en 1826 à St-Lazare..........	» »	3,139 43	» »	» »	3,139 43	
	1er.	Frais de poursuites dirigées contre deux entrepreneurs des travaux de ladite prison..................	» »	77 27	» »	» »	77 27	
2	3	Solde de travaux divers pour la construction d'un nouveau dépôt de police..................	» »	58,940 93 (4)	» »	» »	58,940 93	(4) Ces 58,940 fr. 93 c. ne pourront être mandatés qu'après que le métrage des travaux dont il s'agit sera été approuvé par le Ministre.
	4	Travaux de sculpture exécutés en 1828 à la Conciergerie..................	246 50	» »	» »	» »	246 50	
	5	Restauration de la prison de la Force..	» »	» »	23,382 76 (2)	» »	23,382 76	
	8	Établissement de la prison de la Dette.	» »	» »	150,208 71 (2)	» »	150,208 71	
	13	Fonds de réserve pour travaux de restauration générale des prisons de la Seine..................	» »	» »	34,186 66 (5)	7,305 71 (5)	41,492 37	(5) Ces deux sommes devront être employées conformément aux devis approuvés ou à approuver par le Ministre.
		A reporter.....	12,814 23	7,407 63	540,286 68	7,305 71	627,814 25	

BUDGET DE 1830.			NATURE DES DÉPENSES.	SOMMES ALLOUÉES					DÉCISIONS DU MINISTRE.
TITRES.	CHAPITRES.			POUR DÉPENSES FAITES en 1828, mandatées non acquittées.	non mandatées.	POUR DÉPENSES allouées en 1828, non exécutées.	POUR DÉPENSES de 1830 sur fonds libres de 1828.	TOTAL.	
3			Report....	12,814 23	67,407 63	513,286 68	7,305 71	627,814 25	
		§1,4º.	Élargissement de la chaussée de la route nº. 54, de Paris à Chevreuse...	» »	» »	(6) 13,918 02	» »	13,918 02	(6) Le Préfet se conformera, quant aux travaux ou aux travaux neufs, à l'art. 2 de l'ordonnance royale du 8 août 1821.
		§1,6º.	Idem de celle nº. 14, de Paris à Clichy.	» »	» »	(6) 2,486 87	» »	2,486 87	
		§3,2º.	Construction et pavage de la route nº. 38', de Paris à Argenteuil......	» »	» »	(6) 36,464 84	» »	36,464 84	
		§7	Fonds de réserve pour travaux de restauration des routes départementales.	» »	» »	(7) 10,113 07	(7) 5,810 51	15,923 58	(7) Le détail de l'emploi de ces deux sommes par route figurera au compte de fin d'exercice.
			TOTAUX pareils à ceux de la recette.	12,814 23	67,407 63	603,269 48	13,116 22	696,607 56	

Report de la récapitulation des Budgets facultatifs ou extraordinaires de 1830.............................. titre 1er.... 552,296 15 / titre 2..... 336,618 45 / titre 3..... 362,216 45 1,251,131 05

TOTAL GÉNÉRAL................ 1,947,738 61

Certifié conforme au compte rendu, au Budget voté par le Conseil Général, et aux approbations du Ministre.

Paris, le 20 janvier 1830.

Le Préfet du département de la Seine,
Signé CHABROL.

Approuvé, conformément au résultat ci-dessus, les dépenses comprises au présent Budget de report, sauf à se conformer aux observations mises en regard.

Paris, le 27 mars 1830.

Le Ministre Secrétaire d'État de l'Intérieur,
Signé MONTBEL.

TABLE DES MATIÈRES.

Comptes de l'Exercice 1828.

Budgets de l'Exercice 1830.

Se trouve chez VINCHON, rue J.-J. Rousseau, nᵒ. 8.

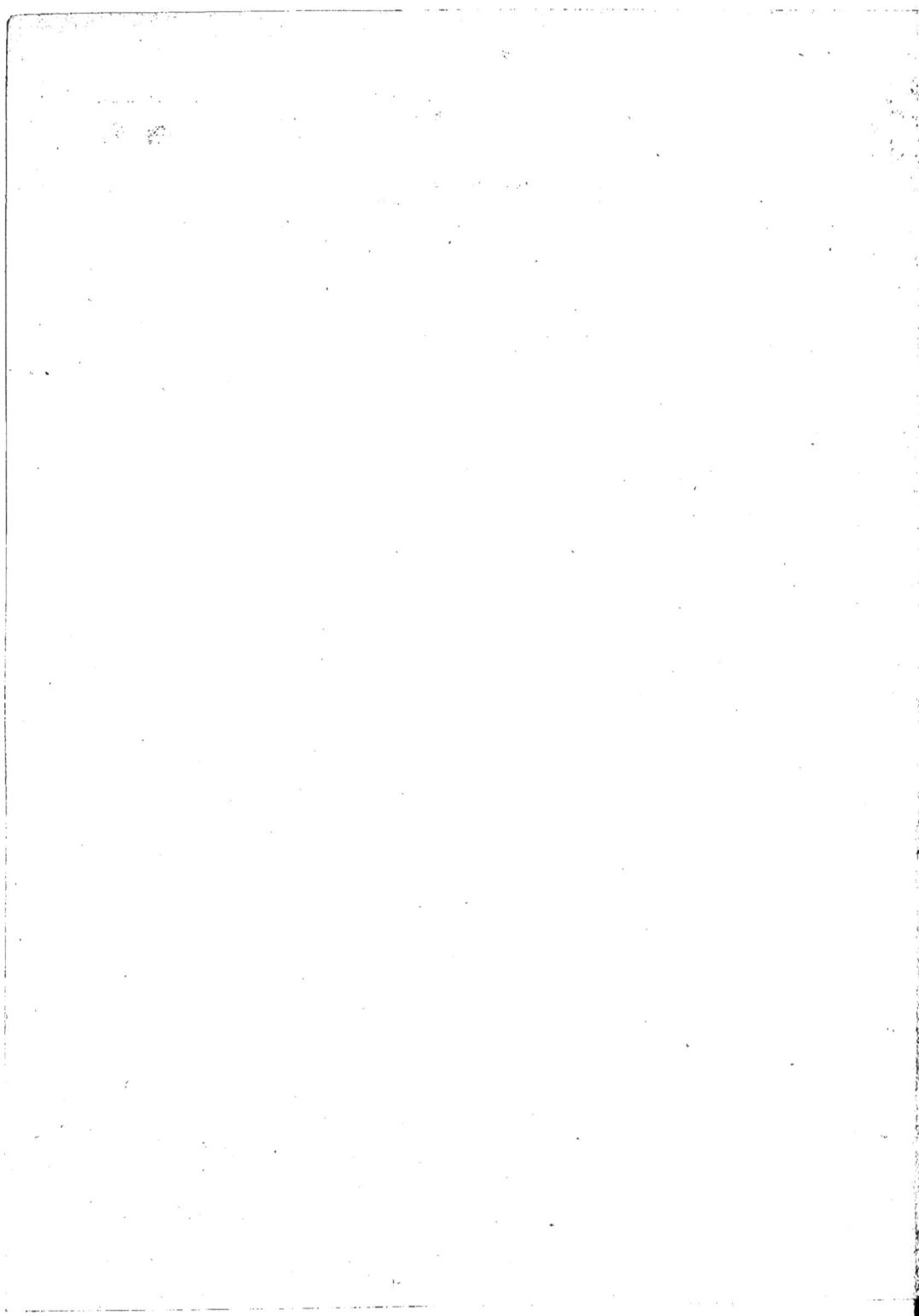

www.ingramcontent.com/pod-product-compliance
Lightning Source LLC
Chambersburg PA
CBHW050557210326
41521CB00008B/1014